本书得到兰州大学"双一流"建设资金人文社科类图书出版经费资助,系兰州大学中央高校基金项目——格鲁吉亚教情调研、格鲁吉亚法律法规编译汇编的研究成果。

兰州大学"一带一路"丛书

格鲁吉亚教育法律汇编

COMPILATION OF
GEORGIA EDUCATION LAWS

车如山　徐　起　郭方义／编译

社会科学文献出版社

导　言

　　国别研究对于"一带一路"建设具有重要的现实意义，不仅可以增强国人对于"一带一路"沿线国家的认识和了解，也可以促进中国与其他国家民心相通。格鲁吉亚作为"一带一路"倡议的积极参与者，在"一带一路"建设中发挥着积极作用，不管是在政治经济领域，还是在文化教育领域，都与中国保持着良好的双边合作与积极互动。因此，全面研究格鲁吉亚，既是历史发展的需要，也是深化中、格两国交流合作的需要。然而，对于国人来说，格鲁吉亚仍然是一个相对陌生的国度。

　　实际上，格鲁吉亚在很多方面都有其优势和特色，如教育方面。格鲁吉亚基本教育体制形成于苏联时期，1991年独立后部分沿袭原来的教育体制，分为学前教育，普通初、中等教育和高等教育。学前教育主要通过幼儿园开展；普通初、中等教育通过中小学、职业技术学校和中等专业学校开展，其中，中小学分为小学、八年制学校和十年制学校；高等教育学校分为公立和私立两类，大学学制为4年，硕士研究生学制为2年，副博士学制为3年。为了使教育制度更加适合自身发展需要，格鲁吉亚先后制定、颁布教育方面的各项法律法规，包括《格鲁吉亚普通教育法》《格鲁吉亚高等教育法》《格鲁吉亚职业教育与培训法》《格鲁吉亚特殊职业教育与培训法》等，这些法律法规大多是由前总统米哈伊尔·萨卡什维利签发并逐步实施的。本书是以前总统米哈伊尔·萨卡什维利在任期间签发的各项教育法为蓝本编译而成的。

本书得以呈现在诸位读者面前，离不开教育部国别和区域研究中心（备案）兰州大学格鲁吉亚研究中心全体成员的共同努力。本书的后期整理和编校主要由车如山、徐起和郭方义承担。在翻译过程中，团队成员遵循"信、达、雅"原则，忠实于原文，与原文保持一致，未改动原文中的"已删除""缺失"部分；但又不拘泥于原文，注重译文通顺简洁，便于读者阅读与理解；多次与格鲁吉亚研究人员讨论敲定特殊词汇的译法，用词贴切。

本书仅涉及格鲁吉亚教育方面的法律法规，为大家了解格鲁吉亚教育法律提供资料与参考，今后我们还将陆续编译格鲁吉亚其他方面的法律法规。

车如山

2021 年 5 月 6 日

目　录

第一编　格鲁吉亚普通教育法

第一章　总则 …………………………………………………… 003

第二章　学生、家长和教师的基本权利和义务 ………………… 012

第三章　普通教育经费 ………………………………………… 026

第四章　普通教育管理体系 …………………………………… 028

第五章　普通教育机构运行的法律依据 ……………………… 040

第六章　普通教育机构管理原则 ……………………………… 044

第七章　普通教育机构董事会 ………………………………… 046

第八章　普通教育机构的管理 ………………………………… 051

第九章　普通教育机构教师委员会 …………………………… 055

第十章　普通教育机构中的学生自治机构 …………………… 057

第十一章　普通教育机构的政府管理、财产、资金、问责
　　　　　和会计 ……………………………………………… 065

第十二章　过渡规定与附则 …………………………………… 069

第二编　格鲁吉亚高等教育法

第一章　总则 …………………………………………………… 081

第二章	高等教育管理体系	088
第三章	高等教育机构的宗旨、类型、组织/法律地位、设立、重组和清算	092
第四章	具有公法法律实体地位的高等教育机构的结构	095
第五章	具有公法法律实体地位的高等教育机构的工作人员	106
第六章	学生	110
第七章	高等教育层级	114
第八章	高等教育机构入学	117
第九章	高等教育机构许可证	120
第十章	认证程序	122
第十一章	高等教育机构资格和专业资格认证	125
第十二章	正规专业	128
第十三章	高等教育机构的活动类型和经费来源	130
第十四章	具有公法法律实体地位的高等教育机构的财产	133
第十五章	过渡规定	135
第十六章	附则	139

第三编 格鲁吉亚职业教育与培训法

第一章	总则	143
第二章	职业教育与培训的类型及层级	148
第三章	职业教育与培训的管理	151
第四章	已删除	157
第五章	已删除	158
第六章	职业教育与培训机构的组织和法律形式	159
第七章	职业教育与培训机构的管理原则、重组及清算	161

第八章　职业教育与培训经费的筹措、职业教育与培训机构的
　　　　财务 ·· 164
第九章　已删除 ·· 166
第十章　过渡规定 ·· 167
第十一章　附则 ·· 171

第四编　格鲁吉亚特殊职业教育与培训法

第一章　总则 ··· 175
第二章　特殊职业教育获得程序与培训课程 ····················· 177
第三章　特殊职业教育机构的法律地位与组织形式 ·········· 178

第一编　格鲁吉亚普通教育法

第一章

总则

第一条 本法适用于格鲁吉亚普通教育

一、格鲁吉亚普通教育领域的法律有格鲁吉亚宪法、格鲁吉亚宪法协定、格鲁吉亚国际协定和条约、本法及其他相关法律。

二、本法规定开展教育活动的条件、管理和经费的原则及程序；确立所有教育机构的地位（不论其组织和法律形式如何），明确教育机构成立、运行、重组、清算、授权和认证的规则，以及实施教学的条件和程序。

第二条 相关术语界定

一、授权：在教育机构实施的活动达到国家认证标准的前提下，国家授予其权利的过程。

（一）认证：确定教育机构是否达到国家认证标准的过程，旨在促进教育机构的自我评估并提高教育质量。

（二）品牌：基于格鲁吉亚教育与科学部部颁标准的学校评估体系，是对一所学校办学质量的最高认证。

二、其他工作：除国家和学校课程计划规定以外的工作。

（一）校长行为准则：对校长行为的要求。

三、违纪行为：违反教育机构内部规定的行为。

四、纪律调查：由教育机构采取的一系列措施，以确定学生或教师是否违纪的行为。

五、纪律处罚：根据教育机构的内部规定对违纪行为所采取的惩处措施。

（一）国家资格框架：适用于格鲁吉亚全国的资格文件，包括基础教育各层次。

六、国家课程：国家对各级各类学校在学时、学业成就、学生负担、学习环境等方面做出的规定。

七、国家课程规定的其他服务：公立学校提供的在国家课程计划以外的其他服务。

八、国家课程以外的教育服务：公立学校提供的未包括在国家课程计划内的教育和辅导服务。

九、国家评估体系：国家检查学生成绩是否达到规定要求的体系。

十、校外学习（实践）：学生在校外独立完成的国家教育课程规定之外的学业和实践活动。

十一、教育券：国家按生均单位成本折算后提供给学生的教育经费保障。

十二、普通教育：十二年的学校教育，目的是使公民在接受教育后获得工作和生活的能力。

十三、国家教育目标文件：适用于国家教育体系目标的规定。国家教育目标文件是制定国家课程和教育体系基本指标的基础，格鲁吉亚政府应在格鲁吉亚教育与科学部部长的建议下，采纳国家教育目标文件并提交议会批准。

十四、教育层次：普通教育包括三个层次，即小学教育（六年）、初中教育（三年）和高中教育（三年）。

十五、教育体系：主要包括国家和学校课程体系、实施这些课程的教育机构以及保障教育实施的国家机构和法律实体。

十六、教育机构/学校：由格鲁吉亚教育与科学部授权，在国家课程体系下至少完成一级普通教育的法律实体。

十七、教育机构的行政和财政自主权：教育机构的行政和财政自主权由公立学校中的以下组织行使，包括董事会、行政管理委员会、教师委员会、学生自治委员会、纪律委员会和上诉委员会。

十八、已删除。

十九、自我评估：检查学校的教育过程是否符合国家教育目标文件、国家课程及格鲁吉亚教育与科学部设立的教育机构标准，教师、学生和家长应参与评估过程。

二十、全纳教育：使有特殊教育需要的学生与同龄人一起参与普通教育。

二十一、资金使用：用于购买固定资产、战略物资和特殊物资、货物、土地、无形资产、建筑、仪器设备、车辆和其他资产的购置支出，以及用于修缮、建造和重建的资金。

二十二、私立学校：根据私法设立的、作为法律实体的普通教育机构。

二十三、班级：根据国家课程和教育机构章程的规定，在一起学习一个学年及以上的学生小组。

（一）教师：根据教师专业标准确定的具有专业知识、技能和相应资格并在教育机构教授至少一门科目的人员。

（二）教师职业行为准则：指导教师职业行为的规则。

（三）教师专业标准：所有教师必须满足职业责任、知识、技能、价值观和本法第二十一条[2]确定的资质。

（四）准教师：为取得教师资格而在普通教育机构临时任教的人员。

（五）教育机构学生的流动：根据法律规定，学生可以自由流动参与国内外的学习过程并得到认可。

（六）已删除。

（七）教师职前、专业发展和职业提升计划：格鲁吉亚政府基于教师专业标准的规定，在教师入职、评估、专业发展和职业提升全过程中为教师提供持续的专业发展计划。

（八）学生：根据法律规定在教育机构注册的学习者。

二十四、个人课程：基于国家课程为有特殊教育需求的学生设计的课程，是学校课程的一部分。

（一）学生行为准则：指导学生行为的准则。

二十五、父母：学生的父亲、母亲或法定监护人。

（一）教育机构的资源官：能够维护公共秩序，符合教育程度要求且无犯罪记录，具有法律行为能力的格鲁吉亚公民。

（二）教育机构资源官的行为准则：一套针对教育机构资源官的强制性行为规则。纪律违法行为和纪律责任类型以及纪律处分程序，包括组成相关裁决机构的程序。

二十六、小规模学校：由于当地条件导致学生人数较少的学校。格鲁吉亚教育与科学部应确定小规模学校的标准。

（一）多语教育：旨在培养和提高学生不同语言能力的教育。

（二）有特殊教育需求的学生：与同龄人相比学习困难且需要为其修改国家课程或需要适应教育环境或需要为其实施个人课程的学生。

（三）全纳教育团队（多学科团队）：包括格鲁吉亚教育与科学部在内，评估残疾儿童个人教育需求的专家团队，以便为他们选择最好的教育类型。

（四）专家团队：根据本法对未成年人提出建议的格鲁吉亚教育与科学部内的专家小组。

（五）社会工作者：监护和管理机构的授权人。

（六）寄宿学校：其教育过程受格鲁吉亚教育与科学部管理的专门教育机构。

二十七、已删除。

二十八、教学活动：教师在上课期间和课后与学生一起开展的活动。

二十九、试点项目：对国家课程目标和实现目标的手段进行可行性研究。

（一）已删除。

三十、在校时间：由学校课程决定以及由学校发起、组织、控制、资助和赞助的其他事件决定的教育过程的持续时间。

三十一、学校课程：教育机构根据国家规定开设的课程、国家课程提供的其他服务、国家课程以外的教育服务以及在学校开展的教育活动。

三十二、公立学校：根据公法设立的，作为法律实体的教育机构。

（一）已删除。

（二）已删除。

三十三、行政管理：由学校校长、副校长和会计部负责。

（一）教师委员会：学校教师的自治团体。

（二）董事会：选举产生的学校自治的最高权力机构。

（三）个人调查：由校长授权的人或资源官在学校校长或行政部门代表的许可下或在其监督下在学校采取的行动，旨在查明和扣押与实施违纪行为有关的工具、物品和因违纪行为而获得的财物，以及确定纪律犯罪情况所必需的文件。

第三条　教育领域内国家政策的基本目标

一、在教育领域内国家政策的基本目标是：

（一）为把学生培养成具有民族性和普遍人类价值观的自由人创造条件；

（二）培养学生的智力和身体技能，为他们提供必要的知识，建立健康的生活方式，在自由和民主的价值观基础上形成公民意识，确保学生尊重文化价值观，并促进他们对家庭、社会、国家和社区权利、义务的理解。

二、为了实现本条第一款的目标，国家应确保：

（一）所有人能够平等地享有终身教育的权利；

（二）将格鲁吉亚教育体系纳入国际教育体系；

（三）公立学校不受宗教和政治团体的影响，私立学校不受政治团体的影响；

（四）国家评估、国家课程和认证体系的发展，通过评估学习质量管理教育过程；

（五）采用有关物流、软件和人力资源标准为一般教育机构授权和认证；

（六）教育机构的行政和财政自主权；

（七）预防教育机构的暴力行为；

（八）引入全纳教育；

（九）教师专业标准的执行。

第四条　教学语言

一、教育机构的教学语言应为格鲁吉亚语，在阿布哈兹自治共和国可以采用格鲁吉亚语或阿布哈兹语。

二、如果阿布哈兹自治共和国教育机构的教学语言是官方语言之一，则必须教授第二种官方语言。

三、对于母语不是格鲁吉亚语的格鲁吉亚公民，根据国家规定，他们有权获得完整的教育。但必须在普通教育机构中学习官方语言，以及在阿布哈兹自治共和国中使用官方语言。

四、格鲁吉亚国际协定和条约规定外语可以是教育机构的教学语言，但必须在普通教育机构中教授官方语言，以及在阿布哈兹自治共和国使用官方语言。

五、听力障碍儿童的专门学校应使用手语及类似方式对其进行教育。

六、视力障碍儿童的专门学校应使用盲文系统对其进行教育。

第五条　国家课程

一、为了实现本法第三条确定的目标，国家制定国家课程，根据普通教育水平规定必要的学科类别、每门学科的学时及分配、所需的学习量以及组织教育环境的条件和建议。

（一）如有必要，学校应在国家课程框架内为有特殊教育需求的学生制定个人课程。

二、国家课程应确定在达到某个年级或教育水平后，每个学科或学科组的学生必须获得相应成就（技能和知识）。国家课程还应包括为有特殊教育需求的学生修改课程。

三、国家课程应包括以下学科组：

（一）官方语言；

（二）数学；

（三）外语；

（四）社会研究；

(五)科学；

(六)技术；

(七)审美教育；

(八)体育。

四、按本法第四条第三款规定，本条第三款第（一）和（四）项规定的学科组的教学语言应为格鲁吉亚语，在阿布哈兹自治共和国应为格鲁吉亚语或阿布哈兹语。

五、所有教育机构都必须实施国家课程方案。

六、国家和学校课程确定的学科教学必须具有学术性、公正性和非歧视性。

第六条　普通教育

一、完成普通教育需要通过毕业考试并获得国家有关的批准文件。格鲁吉亚教育与科学部应确定国家文件的样本和确定毕业考试的程序及条件。

（一）参加教育机构认定的教育项目的学习并达到国家课程认定学业水平的人，可以免除本条第一款所规定的毕业考试。

二、根据格鲁吉亚教育与科学部的规定，只有在考虑到学生个人能力的特殊情况下，才允许加快完成教育方案。

三、如果学生或其父母有要求，教育机构有义务根据格鲁吉亚教育与科学部设计的表格签发学生完成学业的证明。

四、学生在达到基础教育水平之前，不得离开普通教育体系。

五、持有任一教育水平证书的人员有权在全国范围内参加下一级别的学习。

（一）具有特殊教育需要，没有教育背景或因某些原因错过课程的人，应有权不经考试在多学科团队意见的基础上获得入学资格或继续在适合其年龄的班级学习。

六、小学教育应从6岁开始。

七、已删除。

第七条　普通教育入学

一、国家应确保每名学生（包括有特殊教育需要的学生）按照就近入学的原则以本国语言接受教育的权利。

二、如果不能按照本条第一款接受教育，国家应在格鲁吉亚教育与科学部批准的适当目标计划内向这些学生提供新的教育券或额外资助。

三、通过增加教育券和额外资助，格鲁吉亚教育与科学部应确保：

（一）为公立学校的每个人提供开放和平等的终身教育；

（二）在公立学校引入全纳教育和多语教育；

（三）改善公立学校的后勤、软件和人力资源；

（四）公立学校教师、行政和技术人员获得适当的劳动报酬；

（五）公立学校的健康环境；

（六）公立学校的学习过程顺利进行，尤其是在重组、学习过程中使用了行政设施的公立学校，位于乡村/乡镇和高原地区的公立学校，以及其他多部门的公立学校。

四、国家应确保按照格鲁吉亚监禁法的规定，在拘留场所进行普通教育。

第二章

学生、家长和教师的基本权利和义务

第八条　基本保障

一、学生、家长、教师及其协会有权享有本章规定的所有权利和自由，并在学校校园内按照规定平等地使用学校资源。

二、学校有权在上课时间或在校园内无歧视地限制未经授权者的权利和义务。

三、在正常情况下学校应当按照本法规定对学生、家长、教师及其协会在上学期间和校园范围内的权利和义务做出非歧视和中立性的明确规定：

（一）确保健康、生命和财产安全；

（二）禁止毒品、酒精及烟草消费或其他非法行为；

（三）不得散布淫秽或诽谤、种族或宗教不和谐、煽动犯罪或暴力行为的言论；

（四）不得妨碍学校活动或校园内其他活动的正常进行。

四、对学生、家长和教师权利和自由的限制必须合理并尽可能最小化，需按照教师职业道德守则通过适当和公正的程序进行。

五、对学生、家长和教师的权利和自由的限制，在本质上不应等同于取消其权利和自由。任何对其行使权利和自由的地点、时间、方式的限制或规定都要体现中立性，不能影响信息的传递或想法的表达，应以有效替代方式来确保其权利和自由。

六、经本法认定的学生、家长和教师的权利和自由应视为合法。如果在这方面引起争议，由行为限制人承担举证责任。

七、学校不得给本法禁止的事项提供财政支持。

八、本法必须与格鲁吉亚宪法和格鲁吉亚承认的国际法保持一致。

第九条 获得教育权

一、每个人都应享有平等获得完整教育的权利，充分发展他（她）的个性，并获得必需的知识和技能，以在个人和社会生活中平等地取得成功。小学和初中教育属于义务教育。

二、国家应建立教育体系并提供适当的社会和经济条件，以确保每个人能接受普通教育。

三、国家应根据国家课程为有特殊教育需要的学生制定单独的课程或额外培训方案，这些学生的教育、社会适应和融入社会生活应在该课程或方案下得到保证。国家应资助这些学生。

四、普通教育可以通过校外学习获得。如果校外学生达到国家课程规定的成就水平，经校外学习并顺利通过学校考试，则有权获得已完成普通教育的证明。

（一）格鲁吉亚教育与科学部应规定通过校外学习获得普通教育的程序和条件。格鲁吉亚教育与科学部有权确定格鲁吉亚行政法规定的其他提交和审查通过外部学习获得普通教育的行政要求时限。

五、考虑到学生的年龄特点、劳动和家庭状况，学生可以通过格鲁吉亚教育与科学部规定的可替代方式获得教育。

六、国家应保护学生和家长的教育选择自由。家长的教育选择自由并不等同：

（一）回避义务教育；

（二）妨碍实现本法目标的教育。

七、学校有义务采取一切合理措施，确保对学生的知识进行公正评估。不允许将学生的学业评估和他们的违纪记录关联。

八、学生有权受到保护，免受不当对待、疏忽和虐待。

九、学校有义务在上课时间，在校园或邻近地区确保学生的健康、生命和财产安全。为此目的，私法下的企业或非企业（非商业）法律实体——普通教育机构，应被授权与公法下的法律实体（LEPL）——教育机构资源官办公室签订服务协议。教育机构资源官办公室向公共教育机构提供的服务应由国家预算提供资金。

十、学校有义务在上课时间，在校园或邻近地区，采取一切合理措施，监督并防止侵犯学生、家长、教师权利和自由的行为。

十一、被学校开除的学生有权继续在另一所学校学习。

十二、学生有权按照规定的方式在同一教育水平上转学。

第十条 权利和自由的知情权

一、学生、家长和教师有权了解自己的权利和自由，以及限制这些权利和自由的理由。

二、学校有义务向新学生、家长和教师告知他们的权利和自由。

三、如果学生、家长、教师的权利和自由受到限制，学校有义务在恰当的时间内解释限制的理由。

第十一条 参与学校治理权

一、学生、家长和教师有权亲自或通过代表参与学校管理。

二、学生、家长和教师有权从学校获取除个人信息外的其他信息。

三、学生、家长和教师有权表达自己的意见，并亲自或通过代表参与解决与他们有关的问题。

四、在未考虑学生真正利益的情况下，不得对学生采取任何行动。

第十二条　申诉权

一、为了保护自己的权利和自由，学生、家长和教师有权对教师和学校的违法行为提出申诉，并对遭受的任何损害获得全额赔偿。

二、学校有义务建立有效的机制，对申诉进行独立和公正的审查。

三、公立学校校长和学校工作人员、董事会和校长、公立学校校长和格鲁吉亚教育与科学部之间发生的劳资纠纷应通过民事诉讼由法院做民事纠纷裁决。

四、已删除。

五、根据学校校长的授权书，格鲁吉亚教育与科学部或其附属机构的雇员，在民事和行政诉讼中为公立学校的代表；在阿扎尔自治共和国和阿布哈兹自治共和国内，该代表是教育领域附属部门的雇员或格鲁吉亚教育与科学部的雇员。

第十三条　中立和非歧视原则

一、教育机构的学习过程中不允许出现政治化。

二、教育机构的学习过程中不允许出现宗教灌输、改变宗教信仰和强迫同化的现象。该规则不限制公共学校庆祝公共假期和历史纪念日，以及旨在树立国家观和普遍价值观的活动。

三、禁止入学歧视。该规则不排除在军事、艺术和体育训练教育机构以及具有其他地位的学校中进行竞争性选拔的可能性。在竞争性选拔中必须考虑其特殊教育需求。

四、学校不得利用权力和资源直接或间接歧视学生、家长、教师及其协会。

五、任何区别对待的行为均为歧视,除非这种行为是公平合理的,且是为了确保每个人和每个群体自由发展并享有平等机会。

六、学校应促进学生、家长和教师之间的宽容和相互尊重,不受不同社会、种族、宗教、语言和世界观的影响。

七、学校应保护少数群体的个人和集体权利,使他们在平等的基础上自由使用其母语,保护和体现其文化归属感。

第十四条 言论自由

一、根据法律规定,学生、家长和教师有权在上课期间或在校园内使用学校资源来获取、处理或传播任何信息。

二、学生有权发表意见并得到尊重。

三、不得违反编辑独立性和图书馆书籍的审查制度。该规定不得阻止学校施加非歧视和中立的限制,以保护未成年人免受不适其年龄的文学作品的不利影响。

四、学生、家长和教师有权以规定的方式收集捐款用于慈善事业。

五、学生和教师应在学习、教学和研究范围内享有学术自由,违背国家课程目标的情况除外。

六、学校有权定制校服。若穿着校服影响学生和教师的言论自由,他们则有权拒绝穿校服。

七、学校在定制校服时,必须考虑到学生的经济状况,并为无力购买者提供校服。

第十五条 集会自由

一、在事先通知的情况下,学生、家长和教师有权按照法律规定的方式在校内自由集会。

二、学校不得领导或控制正在进行的学生、家长和教师集会。如有必要，学校有权参加集会。

三、在确保校园安全的前提下，校外人员可以受邀参加学生大会，但法律所规定的除外。

第十六条　结社自由

一、学生、家长和教师享有法律规定的结社自由权。

二、除法律规定外，学校不得干涉学生、家长和教师协会的活动。

三、不允许校外人员领导或控制学生协会。

第十七条　隐私权

一、学生、家长和教师享有隐私权。不得要求披露有关其私生活的信息。

二、学校在收集学生、家长和教师的个人资料时，应遵守相关法律的规定。

三、学生学业成绩和违纪记录的资料应分开存放。

四、学校有义务保证学生和教师进行体检，并有权要求其接受疾病、酒精和毒品的检查。

五、学校不得任意限制学生和教师的隐私权、个人通信权以及学校转让给学生和教师的财产使用权。

第十八条　信仰自由

一、学生、家长和教师享有信仰自由，以及自愿选择和改变信仰的权利。

二、不得对学生、家长和教师施加与他们的信仰相抵触的义务。侵犯他人权利或妨碍实现国家课程的情况除外。

三、在校园内不得放置非学术目的的宗教标志。

四、公立学校的学生如果出于接受宗教教育的目的,有权在课余时间学习宗教知识或进行宗教仪式。

第十九条 纪律

一、学校纪律需尊重学生和教师的自由与尊严。

二、学校内部规定的纪律调查和处罚必须合理。

三、除法律规定的责任外,学校内部规定可包括警告、严重警告、禁止学生上课、暂时停课、开展强制活动和其他纪律惩罚。如果暂停一个学生上课,应立即通知其父母。学校有权禁止学生上课或暂时取消学籍。

四、在符合学校内部规定的情况下,才能通过适当的合法程序进行纪律调查。

五、在纪律调查的情况下,学校有义务向学生或教师解释其所做出的违纪行为。

六、如果对学生施加纪律处分或进行纪律调查,则必须立即通知其父母。学生和家长有权一起解决相关问题。

七、学校应采取措施防止学生出现因纪律处分而学习落后的情况。

八、不得使用侮辱个人荣誉和尊严的方式进行纪律处罚。

九、除非有合理的假设认为,通过个人搜查可能发现违背学校内部法规的行为,否则在无证据的情况下不得进行个人搜查。对学生的个人搜查只能由经校长授权的人员或在校长、行政代表监督下由获得许可的资源官执行。不得由集体对学生展开搜查。在进行个人搜查之前,由校长授权的人员或获得许可的资源官将相关情况通知学生。

十、除非学校有正当理由,否则不能因学生或教师在校外的行为而采取纪律调查。

十一、学生和教师在纪律调查期间有权保持沉默。沉默权不能免除学生和教师的纪律责任。

十二、教师有权做出禁止学生上课的决定，校长有权决定暂停学生最多 5 天的课，校纪律委员会有权通过无记名投票决定暂停学生 5~10 天的课或将学生开除。

（一）不得开除小学和中学教育阶段的学生。

（二）学校有权要求学生做一些有益的活动，同时应当明确以下内容：工作的内容、程序、条件和地点；小学生每天参加活动时间不得超过 1 小时，初中生每天不得超过 2 小时，高中生每天不得超过 3 小时；同时学校应有专人负责该项工作。在开展这项工作时，应征得家长同意。若学生参加活动期间受到伤害，按照格鲁吉亚法律要求，学校应当进行赔偿。一旦出现这种情况，学校有举证责任。

十三、除法律另有规定外，紧急情况下，在校期间，警方或其他公务员在联系学生前要先通过学校，并将具体事情告知学校。学校有义务向学生解释他的权利，在确保学生该权利不受其父母侵犯的情况下立即通知其父母。

第二十条　校园安全

一、不允许对学校人员采取暴力的行为。如果发生人身或言语侮辱，学校有义务按照法律的规定立即做出反应。

二、执法机构为确保校园安全而采取的行动由格鲁吉亚法律规定。

第二十一条　教师的其他权利和义务

一、教育机构的教师有权要求该机构提供必要的工作条件；根据格鲁吉亚教育与科学部的规定领取报酬；每六年享受长达一年保留工作资格的无薪假期；行使法律规定的其他权利。

（一）教师有义务：

1. 为学生提供优质教育；

2. 努力促进学生个人发展和形成公民意识；

3. 促进专业发展；

4. 参与教师职前、专业发展和职业提升计划；

5. 遵守教师职业行为准则；

6. 履行法律和劳动协议规定的义务；

7. 向教育机构提供法律和劳动协议规定的健康状况信息。

（二）涉嫌犯罪的人，在其定罪未被清除前，不得成为教师。

二、教师一周的工作报酬不得低于公务员最低工资标准。

三、教师有权根据法律的规定与教育机构签署劳动协议。

四、教师的薪酬应随着学校预算的增加而上涨。

第二章[1]　教师职业

第二十一条[1]　已删除

第二十一条[2]　教师职位类型和教师专业标准

一、教师的职位有以下几种。

（一）小学教师：在教育机构小学教育阶段至少教授一门课的教师。

（二）初中/高中教师：在教育机构初中和高中教育阶段至少教授一门课的教师。

（三）专业教师：在教育机构初中或高中教育阶段，一个学科组内教授所有科目的教师。

（四）艺术或体育教师：在教育机构中，以适当的教育水平教授艺术或体育学科的教师。

（五）特殊教育教师：在小学教育阶段教授有特殊教育需求的学生，并促进他们参与小学、初中或高中教育水平的教育过程的教师。

（六）军事教师：由学校课程确定的军事领域的教师，不受入职和注册要求的约束。

（七）小学多语种教师：在非格鲁吉亚语教育机构（部门）的小学教育阶段教授一种或多种不同语言课程的教师。

（八）初中/高中多语种教师：在非格鲁吉亚语教育机构（部门）的初中教育和高中教育阶段教授一种或多种不同语言课程的教师。

二、根据国家教师专业发展中心的建议，格鲁吉亚教育与科学部应当确定教师专业标准，包括各类教学专业标准。军事教师的专业标准应与国防部协调确定。所有教师必须遵守教师专业标准。

三、在教育机构中，职业培训可由格鲁吉亚职业教育法规定的职业教师进行。

第二十一条[3] 教师教育

一、根据本法第二十一条[2]第一款第（一）至（三）项确定的教师，必须至少持有学士学位或同等学力，必须接受过法律规定的教师培训计划，符合教师专业标准的要求。

二、根据本法第二十一条[2]第一款第（一）项和第（三）项确定的教师，在为发育迟缓（认知功能和适应行为缺陷）、感觉障碍（听力和视力障碍）、行为和情绪障碍（反复且持续地表现出不合群、攻击性行为和不服从，而不是精神病状态、情绪波动或其他疾病的伴随症状）的儿童开展特殊教育课程的学校任教的人，必须满足本条第一款确定的要求，必须接受格鲁吉亚教育与科学部规定的特殊教育教师培训计划。

三、根据本法第二十一条^{2}第一款第（五）项确定的教师，必须持有特殊教育学士学位或同等学力，必须按照格鲁吉亚教育与科学部确定的程序和学分数量接受特殊认证教育计划，必须符合教师专业标准的要求。

四、根据本法第二十一条^{2}第一款第（四）项确定的教师，必须符合教师专业标准的要求；此外，初中/高中教育水平的艺术或体育教师必须具备：

（一）完整的普通教育；

（二）适当的高等艺术、体育教育或体育职业教育，必须接受法律规定的教师培训计划。

五、根据本法第二十一条^{2}第一款第（六）项确定的教师，必须符合教师专业标准的要求；此外，军事学科的专业教师必须具备：

（一）完整的普通教育；

（二）适当的军事教育，必须接受法律规定的教师培训计划。

六、根据本法第二十一条^{2}第一款第（七）项确定的教师，必须持有学士学位或同等学力，精通两种语言，其中一种必须是格鲁吉亚语，并且符合教师专业标准的要求。

七、根据本法第二十一条^{2}第一款第（八）项确定的教师，必须持有适当的学士学位或同等学力，精通两种语言，其中一种必须是格鲁吉亚语，接受法律规定的多语教育教师培训计划，必须符合教师专业标准的要求。

八、格鲁吉亚国防部有权为军事学科的专业教师规定附加资格要求。

第二十一条[4]　初任教师

一、根据法律规定，在国家教师专业发展中心注册并符合要求的人，可以获得教师入职权。

二、国家教师专业发展中心仅对符合本法资格要求的人员进行注册。

三、教育机构有义务在入职期间向初任教师支付工资。

四、除获得本法规定的最低限度的教学报酬和参加公立学校董事会选举的权利以外，初任教师应享有本法规定的所有权利和利益。

五、除本条第七款确定的情况外，以初任教师身份任教不得超过两年。

六、入职期结束后，校长应按照规定的方式向国家教师专业发展中心提交一份有关初任教师是否符合教师专业标准和教师职业行为准则的文件。该文件可能包括以下决定之一：

（一）初任教师已按照既定程序成功完成入职培训；

（二）初任教师未能按照既定程序完成入职培训。

七、如果未按照法律规定占用教育机构的空缺职位，则该人不符合法律规定的教师教育要求，但如果该人已接受教师培训，其有权在填补职位空缺前在教育机构任教一段时间。

八、本条第七款规定的授予初任教师教学权利的时限应由格鲁吉亚教育与科学部国家教师专业发展中心确定。

第二十一条[5]　已删除

第二十一条[6]　已删除

第二十一条[7]　教师职前、专业发展和职业提升

一、教师职前、专业发展和职业提升应根据本法由格鲁吉亚政府批准的教师职前、专业发展和职业提升计划进行。

二、教师职前、专业发展和职业提升计划必须平等对待教师，不论种族、肤色、语言、性别、宗教、政治和其他观点、民族、社会归属、出身、物质、社会地位以及居住地。

三、教师职前、专业发展和职业提升计划旨在培养合格人员，培养教师能力，确保教师专业发展，提高学习和教学质量，以提高学生学习成绩。

四、为了实现本条第三款规定的目标，教师职前、专业发展和职业提升计划应确定：

（一）教师职前的程序；

（二）公立学校教学工作公告和比赛的程序；

（三）教师评估标准和通过电子系统评估教师的程序；

（四）与教师职前、专业发展和职业提升有关的其他程序。

五、格鲁吉亚政府应设立国家委员会并批准其章程。国家委员会应：

（一）确定教师评估程序并提交给格鲁吉亚政府批准；

（二）在教师职前、专业发展和职业提升计划下，确定教师的安置程序并提交格鲁吉亚政府批准；

（三）在教师职前、专业发展和职业提升计划下，确定授予在职教师身份的程序并提交格鲁吉亚政府批准；

（四）在教师职前、专业发展和职业提升计划下，确定授予地位所需的方式方法并提交格鲁吉亚政府批准；

（五）在教师职前、专业发展和职业提升计划下，确定授予地位所需的行动和活动清单并提交格鲁吉亚政府批准；

（六）确定教师获得学分的补充活动清单并提交格鲁吉亚政府批准；

（七）确定加权学分的计算程序、分配原则和计算规则并提交格鲁吉亚政府批准；

（八）根据教师评估标准确定学分并提交格鲁吉亚政府批准；

（九）确定获得学分的时间表并提交格鲁吉亚政府批准。

六、教师的专业发展和职业发展可通过以下方式获得资助：

（一）教育机构的资金，包括来自教育券的收入；

（二）格鲁吉亚教育与科学部批准的适当目标计划基金；

（三）教师自筹资金；

（四）捐助；

（五）格鲁吉亚法律允许的其他资金。

第二十一条[8]　教师培训和专业发展计划的认证

一、教师培训和专业发展计划可由根据格鲁吉亚法律注册的自然和法律实体实施，而军事学科教师培训和专业发展计划可由格鲁吉亚国防部相应办公室实施。

二、教师培训和专业发展计划，包括高等教育计划，应获得公法下的法律实体——国家教育质量提升中心的认证。

三、教师培训和专业发展计划的认证程序和费用应由格鲁吉亚教育与科学部部长根据国家教育质量提升中心的建议批准，并与国家教师专业发展中心达成一致。

四、课程学分的数量也应包括在教师培训和专业发展计划的认证决定中。

第三章

普通教育经费

第二十二条　国家普通教育经费

一、国家应确保学生接受完整的普通教育。普通教育机构学生的国家教育基金应持续12年。

二、普通教育机构的学习应由国家发放与标准相符的教育券来资助。

三、政府应通过国家预算发放符合标准的教育券为学生的教育提供资助。教育券的数量应根据国家课程中达到教育水平的最大学习量来确定，同时要考虑到不同条件下学生的经济能力，以确保学生平等接受教育的权利。在支付了普通教育机构的当前费用后，教育券上剩余的钱可用于支付同一机构的资金成本。

四、每位家长均有权获得教育券，以资助其学龄儿童的教育，该券可分配给本条第二款规定的机构。如果学生选择本条第二款规定的另一教育机构，国家应继续提供资助。

五、公立学校的资金成本应由国家、地方自治机构或公立学校支付。

六、基于格鲁吉亚教育与科学部部长的个人行政行为，公立学校有权获得来自国家预算的额外资金，其方式包括增加教育券或经格鲁吉亚教育与科学部批准范围内的适当目标计划。

（一）格鲁吉亚教育与科学部应支付其部长设立的公立寄宿学校的辅导服务、学生普通教育、生活条件、医疗护理和食品的费用。

（二）阿扎尔自治共和国教育、文化和体育部应支付位于其境内的公立寄宿学校辅导服务、生活条件、医疗护理和食品的费用。

七、本条规定的经费适用于格鲁吉亚公民、持有中立身份证、中立旅行证件或临时身份证的人、外国人（包括在国外居住的有同胞身份的外国公民）、无国籍人士、难民和人道主义者。

第二十二条[1]　**已删除**

第二十三条　补充教育和辅导服务的经费

一、如果在普通教育机构上学 12 年后，学生未能达到国家课程或修改后课程的初中教育水平，董事会应要求地方自治机构继续资助学生的学习。将持续资助直到学生达到初中教育水平。在这种情况下，公立学校有义务为学生提供其他获得教育的方式。

二、如果学生在学习 3 年后仍未达到普通教育的平均水平，根据学生的申请，董事会有权要求地方自治机构继续资助学生的学习。地方自治机构有权选择任何的继续学习法定形式。

三、基于董事会的要求，在阿扎尔自治共和国境内，应由地方自治机构和阿扎尔自治共和国教育、文化和体育部支付补充教育和辅导服务的费用。国家、阿扎尔自治共和国和地方自治机构可以资助特殊目标教育计划。

第四章

普通教育管理体系

第二十四条　格鲁吉亚议会在普通教育领域的权力

格鲁吉亚议会应：

（一）确定国家政策和管理的基本重点领域，并制定普通教育领域的法律；

（二）在政府提交国家普通教育目标文件后的一个月内通过该文件；

（三）定期听取格鲁吉亚教育与科学部关于国家政策、财务活动和普通教育领域的国家和区域方案履行情况的报告。

第二十五条　格鲁吉亚政府在普通教育领域的权力

一、政府应执行普通教育领域的国家政策。

二、政府应：

（一）在格鲁吉亚教育与科学部提交国家普通教育目标文件后的一个月内通过该文件，并提交给议会批准；

（二）根据格鲁吉亚教育与科学部、经济与可持续发展部和财政部的建议，批准每名学生的财政标准和教育券的数量；

（三）确定加急签发或签发证明普通教育的国家文件的费用；

（四）根据格鲁吉亚教育与科学部的提议批准教师职前、专业发展和职业提升计划。

三、已删除。

第二十六条　格鲁吉亚教育与科学部在普通教育领域的权力

一、根据格鲁吉亚普通教育领域的法律规定，格鲁吉亚宪法、格鲁吉亚宪法协定、格鲁吉亚国际协定和条约、本法及其他相关法律，教育与科学部应：

（一）在普通教育领域实施统一的国家政策。

（二）制定国家普通教育目标文件并提交给政府。

（三）制定确定教育系统指标的基本文件。

（四）制定和批准国家教师专业发展中心、教育机构资源官办公室、教育与科学基础设施发展机构以及教育管理信息系统的章程。

1. 确定多学科团队的成员和章程；

2. 给总理提出担任教育与科学基础设施发展局局长的职位候选人；

3. 任命和解雇教育管理信息系统负责人；

4. 批准专家组的章程。

（五）与总理共同任命和解雇国家教师专业发展中心的主任。

1. 任免教育机构资源官办公室的负责人；

2. 批准教育机构资源官的行为准则；

3. 批准教育机构资源官办公室提供合同服务的费用。

（六）制定和批准国家课程，推广试点并促进其实施。

1. 建立普通教育领域的国家资格框架；

2. 制订教育和辅导计划及其他儿童保育中心计划并促进其实施；

3. 制定毕业考试的课程；

4. 进行各种研究工作，以促进普通教育的发展。

（七）已删除。

（八）已删除。

（九）批准教育机构授权和教育机构计划认证的规定和费用。

（十）与有关部门协调确定普通教育机构场所的建筑标准。

（十一）与财政部协调，确定签发和转让教育券的程序。

（十二）采取必要措施以保障所有学生获得教育的权利，包括有特殊教育需要的学生和被学校开除的学生；制定认证校外学习的规定；制定学生转学的规定；制定获得教育的替代方式的规定；制定引进、发展和监测全纳教育的程序，以及确定有特殊教育需要的学生的机制。

（十三）设立公法下的法律实体并批准其章程以获得普通教育机构的地位，并有权重组和清算。教育与科学部应根据阿布哈兹自治共和国和阿扎尔自治共和国教育部的建议，执行本款确定的措施。

1. 根据私法建立非企业（非商业）法律实体，以获得普通教育机构的地位。

（十四）为公立学校校长组织竞争性选拔，并为公立学校的董事会提名公立学校校长的候选人。

1. 根据法律规定，在选举学校校长之前，为新成立或重组的公立学校组织首次董事会选举，并任命一名学校代理校长。

（十五）已删除。

（十六）如果董事会非法解雇公立学校校长，则有权在没有通知的情况下解散公立学校董事会，并通过适当的法院判决生效。

（十七）已删除。

（十八）认证在国外学习过程中获得的完整普通教育，批准普通教育的程序和费用，并确认在格鲁吉亚颁布的教育文件的真实性。

1. 批准普通教育机构学生的流动程序。

(十九) 批准国家评估时间表。

1. 批准举办全国奥林匹克教育的程序。格鲁吉亚教育与科学部有权决定提交和审查与全国奥林匹克教育相关的行政诉讼的程序和时限，以代替格鲁吉亚一般行政法确定的程序和时限。

2. 批准学校品牌塑造程序。格鲁吉亚教育与科学部有权决定提交和审查与学校品牌相关的行政诉讼的程序和时限，以代替格鲁吉亚一般行政法确定的程序和时限。

3. 确定举行毕业考试的程序和条件。格鲁吉亚教育与科学部有权决定提交和审查与毕业考试有关的行政诉讼的程序和时限，以代替格鲁吉亚一般行政法确定的程序和时限。

4. 批准由教育管理信息系统提供的合同服务的费用。

5. 批准普通教育机构学生招生及其暂停招生的程序。

6. 批准由教育与科学基础设施发展局提供的合同服务的费用。

(二十) 在质量检验和保障领域与国际组织、外国及其普通教育机构合作。

(二十一) 批准普通教育机构教科书的程序和费用。

(二十二) 确保对公立学校的管理，并负责执行格鲁吉亚在普通教育领域的法律规定。教育部有权对国家法律规定的学校进行财务检查。

(二十三) 根据公法或私法将校外教育机构设立为非企业（非商业）法律实体。

(二十四) 建立国家教育质量提升中心，以组织包括普通教育机构在内的教育机构的授权或认可。

1. 建立教育与科学基础设施发展机构；

2. 建立教育管理信息系统；

3. 建立国家教师专业发展中心。

(二十五) 确定公立学校校长和教师选举、选拔的程序，以及选举和终止董事会成员任期的程序和条件。教育与科学部有权决定提交和审查有关公立学校校长竞选的行政诉讼的程序和时限，以代替格鲁吉亚一般行政法确定的程序和时限。

1. 根据国家教师专业发展中心的建议批准：

（1）已删除；

（2）教师专业标准；

（3）已删除；

（4）教师职业行为准则；

（5）已删除；

（6）注册和完成入职期的程序，以及签发证明已完成入职期的文件的形式和程序；

（7）已删除；

（8）已删除；

（9）学生行为准则；

（10）校长行为准则。

2. 批准授予优秀教师荣誉和奖励程序。

（二十六）从教育与科学部中央办公室或地区机构的工作人员名单中任命公立学校董事会成员（国防部设立的学校除外）；根据阿布哈兹自治共和国和阿扎尔自治共和国教育与科学部的有关建议，从教育与科学部中央办公室或各部委机构的工作人员名单中任命一名公立学校董事会成员。

（二十七）规定一年的上学天数以及假期的持续时间，并有权确定学年起始时间以及节假日，包括例外情况。

1. 批准普通教育机构课堂出勤登记方式。

（二十八）已删除。

（二十九）确定公立学校原则和选举机构成员的注册程序。

（三十）与工会协调确定公立学校教师的最低报酬和保障条件，并批准与学校教师签订的劳动协议条款。

1. 已删除。

（三十一）与工会共同组织实施教师提升活动。

（三十二）根据国家教育质量提升中心的建议，并与国家教师专业发展中心达成一致，批准教师培训和专业发展计划认证的规定和费用。

（三十三）批准与司法部达成一致的证明普通教育的国家文件的形式和签发程序。

1. 对公立学校进行编号并制定命名程序；

2. 有权为优秀学生提供奖助学金；

3. 确定注册学生个人资料的程序；

4. 已删除；

5. 确定提交学生进入普通教育机构学习的必要文件清单；

6. 行使法律授予的其他权力；

7. 批准教师纪律处分规则；

8. 有权制定教育机构服务收费标准；

9. 有权确定考试时限和程序，并受理有别于格鲁吉亚一般行政法规定的诉讼。

二、为了行使本条第一款规定的权力，教育与科学部有权在境内建立、改造并撤销地方机构，批准其章程，根据规定任免其负责人。教育与科学部地方机构的资金来自国家预算。

三、已删除。

四、本条第一款第（十四）项、第（十四）项的1、第（十九）项的5不适用于开展军事训练和教育方案的普通教育机构，而本条第一款第（十六）项、第（十九）项的5、第（二十二）项和第（二十五）项确定的职能应由格鲁吉亚国防部在普通教育机构执行。

第二十七条　其他部门在普通教育领域的权力

一、其他机构想要获得普通教育机构的资质,提供专业的艺术、体育训练及通识教育课程,则需要得到教育与科学部的授权和认证。这些机构所提供的国家课程以外的基础教育阶段的艺术、体育教育等,应由政府相关部门或地方自治机构提供经费保障。

(一)要获得普通教育机构的资质,提供专业的艺术、体育训练及通识教育课程,教育与科学部、文化与古迹保护部以及体育及青年事务部可以根据私法授权建立一个非企业法律实体。

(二)要获得普通教育机构的资质,提供军事训练课程,国防部可以根据公法授权设立一个法律实体并由国家管理。该机构应:

1. 按照教育与科学部的规定进行授权;

2. 根据本法第二十二条从国防部经费中获得资助。

(三)国防部应:

1. 为本条第一款第(二)项确定的机构制定确保其军事训练实施的教育计划;

2. 在本条第一款第(二)项确定的机构中,任命军事科目的主任或军事负责人和专业教师,可以是军人或平民。

二、国家课程以外的军事、艺术、体育教育计划应在法律规定部门的监督下实施。

第二十八条　已删除

第二十八条[1]　国家教师专业发展中心

一、国家教师专业发展中心是公法下的法律实体,由教育与科学部管理。

二、国家教师专业发展中心的职能是:

（一）依法登记教师个人资料；

（二）制定教师专业标准；

（三）与教师协会协调制定教师职业行为准则；

（四）在普通教育机构登记教师和初任教师的空缺职位；

（五）制定注册初任教师和完成入职培训期的程序；

（六）已删除；

（七）制订教师职前、专业发展和职业提升计划；

（八）参与并制订教师专业发展认证计划；

（九）已删除；

（十）依法参加教师专业发展和职业提升活动；

（十一）已删除；

（十二）制定学生行为准则和校长行为准则；

（十三）行使法律（包括本法）规定的其他权力。

第二十八条[2] 教育与科学基础设施发展局

一、教育与科学基础设施发展局是公法下的法律实体，由教育与科学部管理。

二、教育与科学基础设施发展局的职能是：

（一）建设或调整教育与科学部下的教育和科研机构，并提供物资保障；

（二）行使法律规定的其他权力。

第二十八条[3] 教育管理信息系统

一、教育管理信息系统是公法下的法律实体，由教育与科学部进行管理。

二、教育管理信息系统的职能是：

（一）发展信息技术基础设施；

（二）获取现代信息和通信技术；

（三）依法注册公立学校校长和董事会成员；

（四）依法登记学生个人资料并保留校外教育机构的登记；

（五）保留普通教育机构的注册记录，特别是对公立学校校长、在校长未履职情况下的代理副校长、教育与科学部规定的其他担任学校校长和董事会成员的注册记录；

（六）保留高等教育机构的记录，特别是对国家建立的高等教育机构的负责人和教育与科学部登记的高等教育机构理事会会长的记录；

（七）严格控制会计凭证的流通；

（八）根据法院判决或法律规定，对被剥夺教育领域工作权利的人进行登记；

（九）通过引入现代信息和通信技术促进教育与科学部的正常运行；

（十）计划对教育、科学领域已在推进的进程的成果进行调整，包括格鲁吉亚教育与科学部实施的项目和方案；

（十一）直接或通过第三方研究教育和科学领域正在推进的进程的成果，包括格鲁吉亚教育与科学部实施的项目和方案；

（十二）制定教育系统的基本指标；

（十三）依法实施教育和培训工作；

（十四）实施职业教育、普通教育、格鲁吉亚语言教育培训方案；

（十五）行使教育管理信息系统章程所规定的其他权力。

三、教育管理信息系统负责人由教育与科学部部长任免。

四、教育管理信息系统负责人负责管理教育管理信息系统的活动，负责实现教育管理信息系统的目标，并行使教育管理信息系统章程规定的其他权力。

第二十九条　阿布哈兹自治共和国和阿扎尔自治共和国教育部在普通教育领域的权力

一、在各自的自治共和国境内，阿布哈兹自治共和国教育部和阿扎尔自治共和国教育部应：

（一）是普通教育系统中执行国家普通教育政策的主要管理机构；

（二）确保执行国家法律规定；

（三）组织实施国家课程；

（四）确保所有普通教育机构遵守教育与科学部制定的标准；

（五）已删除；

（六）评估教育与科学部设立的普通教育机构；

（七）将普通教育、校外学习和辅导机构的章程提交教育与科学部批准；

1. 根据私法将校外辅导机构设立为非企业法律实体；

（八）保留普通教育机构的注册记录；登记公立学校校长、代理校长、董事会成员，并根据相关教育法律将数据上传至教育管理信息系统。数据应在教育管理信息系统注册后生效；

（九）对本法规定的普通教育提供经费保障；

（十）对公立学校校长进行竞争性选拔；

1. 允许校长享受休假，并在其权力范围内做出停止其休假的决定；

2. 为由教育与科学部设立的公立学校的董事会成员提出候选人；向教育与科学部提交关于其退出董事会的提案；

（十一）如果董事会非法解雇公立学校校长，自治共和国教育部有权在未通知对方的情况下解散公立学校的董事会，该决定经相关法院裁决生效；

（十二）已删除；

（十三）要求提供文件和资料，在遵守法律的情况下对公立学校进行现场考察；

（十四）已删除；

（十五）已删除；

（十六）接收公立学校关于遵守法律法规、学习进程和财务情况的年度报告；

（十七）行使法律（包括本法）规定的其他权力。

二、为了行使本条第一款确定的权力，阿布哈兹和阿扎尔自治共和国教育部有权在各自的自治共和国境内建立、改造和撤销其地方机构以及批准章程，任免其机构的负责人。

三、如果阿布哈兹自治共和国和阿扎尔自治共和国各自并未设立教育部，则本条第一款和第二款确定的权力应由教育与科学部行使。

第三十条　地方自治机构在普通教育领域的权力

地方自治机构应：

（一）支持学校开展本法规定的活动，并制定相应的法律确保能从地方预算中拨出用于完成学校课程的经费；

（二）根据学校课程规定，协助在公立学校执行国家课程以外的教育辅导；

（三）为学生提供社会和医疗服务；

（四）确保被学校开除的学生接受普通教育；

（五）确保因疾病或任何其他合理原因不能上学的学生接受普通教育；

（六）为学生提供交通服务；

（七）确保学生入学；

（八）有权要求提供与处置地方预算拨款有关的资料；

（九）根据本条第一款，如果发生财务侵权，应向学校董事会提交终止校长权力的建议，若董事会未采取行动，地方自治机构有权就解散学校董事会或提前终止其权力向教育与科学部提交提案。

（十）任免位于其境内的学校的董事会成员；

1. 根据私法，为学龄前儿童设立非企业法律实体的校外辅导机构；

（十一）行使法律（包括本法）规定的其他权力。

第五章

普通教育机构运行的法律依据

第三十一条　普通教育机构的组织形式和法律形式

一、普通教育机构（学校）是根据公法设立的法律实体，或根据私法设立的企业或非企业法律实体。

（一）私法下的法律实体有权开展普通教育活动，而无须按照法律规定设立另一个独立的法律实体。

二、普通教育机构应提供小学、初中或高中教育。

三、已删除。

四、已删除。

五、已删除。

六、本法第一、二、二^1、三、四、五、十二章的有关规定适用于私立学校。

第三十二条　普通教育机构的授权和认证

一、授权是获得普通教育机构地位的程序，以便达到开展适当活动以签发国家认可的教育文件所需的标准。

二、认证是确定普通教育机构教育方案是否符合认证标准的程序，以便对教育机构进行系统评估,促进质量保障机制的发展以提高教育质量。

三、普通教育机构可自愿取得资格认证。

四、教育与科学部应设立国家教育质量提升中心,以确保授权和认证。

五、国家教育质量提升中心应对普通教育机构进行授权和认证,并监测授权或认证要求的履行情况;如果违反要求,中心有权要求普通教育机构授权委员会或教育计划认证委员会撤销授权或认证。

六、普通教育机构授权委员会和教育方案认证委员会应在国家教育质量提升中心内成立。

(一)为了对普通教育机构授权,国家教育质量提升中心应组成普通教育机构专家组,其成立和活动程序应由教育机构授权章程确定。授权委员会应根据授权文件和普通教育机构授权专家组的意见做出授权决定。根据教育与科学部的建议,授权委员会的成员应由总理任免。授权委员会的权限应由教育机构授权章程确定,该章程应保证其职能独立于教育机构和国家机构。

七、教育与科学部部长确定普通教育机构的授权和认证程序、条件和费用。

八、国家支付公立学校授权费用。

九、国家教育质量提升中心有义务就授权和认证问题向普通教育机构提供法律援助。国家教育质量提升中心应就授权和认证问题编写年度建议。

十、普通教育机构的授权如果被撤销,撤销前在该机构学习的学生所完成的教育课程仍然有效。

第三十三条 普通教育机构的权利和义务

一、普通教育机构有义务:

(一)为学生提供符合现代标准、以国家和普遍人类价值观、健康的生活方式以及民主、平等原则为基础的教育；

（二）为学习过程创造一切必要的条件；

（三）执行国家课程；

（四）要使用经批准的教科书开展教育活动，当国家课程的科目没有批准教科书时，可以使用教育与科学部批准的教科书；

（五）与劳动、卫生与社会事务部以及地方自治机构协调采取医疗保健措施；

（六）考虑到学生的年龄特点，通过将他们与相应教育水平的学生区分开来，创造以其他方式获得普通教育的机会；

（七）保障残疾学生的利益，为他们创造必要的学习条件；

（八）防止将非科学观点或理论作为科学理论或事实进行教学；

（九）具有自我评估系统；

（十）确保学生在校期间的安全；

（十一）为公立学校雇用初任教师；

（十二）向国家教师专业发展中心提供普通教育机构聘用的教师个人资料、教师和初任教师职位空缺信息；

（十三）在现有资源范围内促进教师的专业发展，包括资助或共同资助教师参加专业培训计划。

二、普通教育机构有权：

（一）尽可能为无法到达学校并独立回家的学生提供交通服务；

（二）要求学校的教职工、学生和家长满足法律和机构章程的要求；

（三）为全纳教育创造必要条件；

（四）与其他学校和社会组织合作；

（五）校园内提供包括心理援助在内的医疗服务和食品设施，以保障学生的健康和全面发展；

（六）为学生提供多元化观点的图书资料，确保学生全面发展、了解国家特性、国家和普遍人类价值以及文化多样性；

（七）根据教师的专业发展水平，提高教师的薪酬；

（八）已删除。

三、在以下情况下，经家长同意，公立学校有权向学生提供国家课程所确定的有偿额外教育服务：

（一）这些服务并非由同一学校聘用的教师向学生提供；

（二）服务不是以课程的形式提供的；

（三）是学生学业正常课程之外的教育服务。

四、公立学校有权向学生提供补充教育服务，包括国家课程未确定的有偿服务。公立学校有义务确保本校所有学生平等获得此类服务。

第三十四条 普通教育机构的改组和清算

一、公立学校由其创办人改组或清算：

（一）该机构的活动是否违宪；

（二）是否需要优化机构的物质或人力资源；

（三）机构是否已基本将其活动转变为企业活动；

（四）已删除；

（五）法律规定的其他情况。

二、私立学校应按照法律规定改组或清算。

三、公立学校重组包括合并、收购、分立、分立以及清算。公立学校的重组将导致原管理机构的权力终止。重组后的公立学校在选出校长之前，教育与科学部部长应任命一名代理校长行使学校董事会的权力，另有规定的除外。

第六章

普通教育机构管理原则

第三十五条 职责和结构

一、在其权限内,学校校长、机构和其成员应负责完成国家课程、在普通教育领域的法律和教育与科学部的个人行政行为以及教育辅导过程和学校资金的定向支出。

二、普通教育机构的部门应包括教师委员会、董事会、行政部门、学生自治和纪律委员会,以及上诉委员会。

(一)根据本条第二款确定的公立学校的每个部门,应对在其权限内做出的决定负责。

三、根据该法规,普通教育机构应执行:

(一)艺术教育和培训项目应设立艺术指导,其选举、任命程序和权限由本法和机构章程决定;

(二)军事教育和培训项目应设立军事首长,其任命程序和权限由本法和机构章程决定。

四、公立学校的管理应公开透明。

第三十六条 利益冲突

一、董事会成员不得是学校行政部门的成员。如果学生家长与学校有劳动合同关系，则家长不能成为董事会成员。

二、实施普通教育、高等教育或职业教育项目的私法法律实体，不得使用实施这些程序的公法法律实体的不动产。

（一）根据《格鲁吉亚高等教育法》第十一条第五款的规定，本条第二款不适用于艺术或体育高等教育机构和进行校外艺术活动的普通教育机构。

三、与公立学校签订协议的第二方（除劳动合同外）不得是校长、政府官员、董事会成员或这些人员的近亲。本法所指的"近亲"是《格鲁吉亚公共服务中利益冲突与腐败法》第四条第二款所定义的人。

四、校长与其近亲签订劳动合同，须经董事会同意。董事会成员如是协议第二方的近亲，不得参加投票。

五、董事会、纪律委员会和上诉委员会成员不得是彼此的近亲。在教育与科学部同意下，小规模学校可以例外。

第七章

普通教育机构董事会

第三十七条　董事会

一、董事会应由六至十二名成员组成，任期三年，由家长、教师委员会、中等教育程度的学生自治机构中选出的一名代表、教育与科学部任命的一名成员和国防部任命的军事训练教育人员组成。地方自治政府有权任命董事会的一名成员，董事会的一名成员也可以由董事会从已确认的学校捐助者（如果有）中选出。在确定小学校董事会成员人数时，只有在格鲁吉亚教育与科学部同意的情况下才能做出例外规定。从家长中选出的董事会成员必须平等地代表学校的每一个年级。董事会成员最多连任两届。

二、从家长和教师委员会中选出的董事会成员人数应由学校章程决定。

三、教育与科学部有权派其代表参加董事会，董事会应享有审议表决权。

四、教育与科学部以及地方自治机构有权随时撤回其董事会代表。

五、董事长领导董事会，负责召集董事会会议，与校长取得联系。董事长一般由家长、教师委员会和地方自治政府代表选举产生，不得超过其任期。地方自治政府代表是董事会成员，不得当选为董事会主席。

（一）召开董事会特别会议须征得三分之一成员的同意，或者可由格鲁吉亚教育与科学部依据本法第二十六条第一款第（二十六）项在董事会中指定一人。如董事长未能出席特别会议，应由多数成员选举产生一名行使董事长权力的会议主席。

六、如票数相等，董事长应投决定票。

七、董事会应在每学期开始时开会，每学年至少开会三次。

第三十八条　董事会的职能

一、董事会应：

（一）根据本法第四十二条的规定，由多数成员选出校长。该规则不适用于进行军事训练教育的普通教育机构。

（二）根据校长的建议批准学校预算，批准并公示年度报告。执行军事训练教育的普通教育机构的预算应由国防部核准，预算草案应由校长和董事会编制。

（三）根据学校校长的建议，批准学校内部规章，全面确定违纪行为和纪律处分清单，以及开除学生的条件。

（四）批准学校的课程和教材，包括教师选出的教科书清单。

（五）管理资金开支及处置财产。

（六）若违反劳动合同和法律规定，有权终止与校长的劳动关系。

（七）保存及登记在校董会内选举家长及教师代表的选票及议定书。

（八）审查投诉，并根据学校章程采取适当的措施。

（九）有权委托校长向国家评估和考试中心提出申请，以便根据国家课程举行期末考试。

（十）若教师违反劳动合同、违规辅导以及在法律规定的其他情况下,有权要求校长终止与教师的劳动关系。

(十一)根据学校章程,选举一个纪律委员会,由同等数量的教师、家长和中等教育程度的学生组成,负责审查违纪行为。应授权董事会审查对纪律委员会决定的申诉,或根据章程的规定设立上诉委员会。在上诉委员会,董事会还应审查对学校校长关于违纪行为所做决定的投诉。纪律委员会或者上诉委员会的专门成员不得为审查某一案件而召开会议。

(十二)批准校长提交的学校章程草案。

二、董事会应由多数成员做出本条第一款第(一)、(二)、(三)、(四)、(十)、(十二)项的决定,而本条第一款第(六)项则应由董事会三分之二的成员做出决定。

三、本条第一款第(一)、(二)、(六)项不适用于军事院校和军事教育机构。

第三十九条　董事会选举的程序

一、董事会中选举家长、教师委员会以及中等教育程度学生自治代表的人数应相同。

二、选举程序应由格鲁吉亚教育与科学部确定。选举应在平等、无记名投票的基础上,根据公开公正原则和学生家长的受教育程度进行选举。

三、格鲁吉亚教育与科学部有权确定程序和时限,以提交和审查关于格鲁吉亚一般行政法确定的程序和时限以外的董事会选举的行政申诉。格鲁吉亚教育与科学部做出的关于董事会的选举决议,若有争议应当向法院提出上诉,且在上诉过程中不终止争议行为。

四、董事会的选举结果应按照格鲁吉亚教育与科学部确定的程序在登记后生效。

第四十条 终止董事会和董事会成员的权力

一、以下情况，应终止董事会成员的权力：

（一）教师委员会终止作为教师代表的董事会成员的资格；

（二）教师委员会的代表在董事会中的劳动关系被终止；

（三）作为董事会成员的学生被开除或升学；

（四）作为董事会成员的学生，其学生身份被暂停时董事会成员身份同时被终止；

（五）根据"一个学生一票"的原则，在对应教育层级中，当三分之一的学生家长要求时；

（六）董事会成员已去世；

（七）董事会成员辞去董事会成员职务；

（八）对董事会成员的定罪判决已生效；

（九）法庭宣布董事会成员失踪或死亡，或承认他为受益人，法院另有裁定的除外；

（十）作为董事会成员的学生家长与公立学校之间建立了劳动关系；

（十一）董事会成员成为行政部门成员。

二、被解雇的董事会成员的职位应由在选举中获得比其他候选人更多票数，但其票数不足以当选家长或教师委员会委员的成员在剩余任职时间内担任。

三、出现以下情况，董事会的权力应终止。

（一）公立学校重组，包括合并、收购公立学校或分立、分离一所学校；

（二）根据教育与科学部的规定，对本法第二十六条第一款第（十六）项确定的案件做出决定；

（三）根据教育与科学部的规定，如果董事会未能履行其法定义务。

四、董事会有义务向教育管理信息系统提交本条第一款规定的有关证明材料。董事会成员在教育管理信息系统登记上述文件后，应终止其权限。文件应在提交后30个自然日内在教育管理信息系统内登记。除非学校在提交后30个自然日内被通知发现违规行为，否则这些文件应被视为已登记。

五、如果本条第一款第（三）项确定的理由无效，已被终止权力的董事会成员的权力应予以恢复。

第八章

普通教育机构的管理

第四十一条　行政管理

一、学校行政管理人员包括校长、副校长和会计。

二、根据格鲁吉亚法律当选或任命的中小学校长应是格鲁吉亚公民，由选举产生或指派具有高等教育学历且有三年工作经验，并符合法律规定的其他要求。校长任期为六年，在同一学校最多连续任职两届。

本法第二十七条第一款第（二）项确定的机构：

（一）校长应是由国防部部长任免的军人。本法第八章规定的校长的权利和义务，除本章第四十三条确定的职责外，不适用于校长。

（二）校长、副校长，包括代理校长职位的副校长的任免，需在教育管理信息系统登记；副校长职位空缺，或校长、代理校长未履行职责，学校雇员履行校长职责时需在教育管理信息系统登记。

三、校长或代理校长任命副校长，需在教育管理信息系统登记；代理校长职位空缺或校长、代理校长未履行职责，学校雇员履行校长职责时需在教育管理信息系统登记。

四、如果学校校长的职权被终止或学校校长在60个教学日内未履行其公职，则教育与科学部部长有权任命代理校长。在任命代理校长之前，校长的职责应由本条第三款规定的在教育管理信息系统中注册的人员履行。

（一）当需要选举和任命校长、代理校长时，应当提前终止副校长的职权。

五、校长不得在学校兼任其他带薪职位。根据法律规定，校长可以从事教学工作。

六、开展专门艺术教育和培训项目的普通教育机构的艺术指导可以行使学校校长的权力。

第四十二条 校长选举程序

一、教育与科学部应根据相应程序以及公开竞争、透明平等的原则，挑选校长候选人。

（一）教育与科学部有权确定参加竞选的费用，以便组织选举公立学校校长的竞选。

二、董事会应以名单上的多数成员、无记名投票和从参加竞选并由教育与科学部提名的候选人中选出校长。

（一）与校长竞选的有关争议行为，应当向法院提出上诉，执行过程中法院不得中止有争议的行为。

三、如果校长候选人是董事会成员，他（她）不得参加投票。

四、董事会须将校长选举的规程及董事会条例的核证副本提交教育管理信息系统登记。选举结果在教育管理信息系统登记上述文件后生效。教育管理信息系统关于校长注册的决定可以上诉到法院，在执行过程中法院不得中止有争议的行为。

五、董事会应根据教育与科学部批准的合同条件，与由教育管理信息系统登记的当选校长签订劳动协议。

六、如果董事会未能根据公立学校校长的选举程序选出校长，格鲁吉亚教育与科学部有权在其酌处权范围内任命校长，对教育与科学部任命校长的决定有异议者可向法院提出上诉，在上诉过程中法院不得中止有争议的行为。

七、已删除。

第四十三条　校长的职能

一、校长的工作包括以下方面。

（一）管理学校。

（二）代表学校与第三方联系，但本法和学校章程确定的情况除外。

（三）将学校的内部规章和预算提交董事会批准。

（四）拟定学校员工名单。

（五）由教师委员会参与制定学校课程。

（六）根据格鲁吉亚教育与科学部批准的条件和程序，与教师和其他学校人员签订和履行协议。

（七）若教师违反劳动合同条件或存在任何不当教学活动或不称职行为，有权在劳动合同期满之前终止其劳动合同。

1. 只有在董事会同意下，有权终止与董事会成员教师的劳动协议。

2. 在格鲁吉亚教育与科学部当地管理机构的同意下校长可以请假。在阿布哈兹自治共和国和阿扎尔自治共和国，校长在得到教育部门的同意后可休假。格鲁吉亚教育与科学部当地管理机构有权酌情停止校长的休假，在阿布哈兹自治共和国和阿扎尔自治共和国，相关教育部门可酌情停止校长休假；执行军事训练和教育的校长经格鲁吉亚国防部同意可请假，格鲁吉亚国防部可酌情中止其休假。

（八）每年12月10日之前向董事会提交一份关于学校发展进程的研究报告，并在格鲁吉亚法律规定的时限内提交财务报告。

（九）有权签订协议，包括有关学校财产的协议，但根据学校章程或格鲁吉亚法律需要董事会或学校管理机构同意的交易除外。

（十）根据学校章程的规定审查投诉，并采取适当的措施。

（十一）监管学校研究和教学工作。

（十二）拟订学校章程草案，提交董事会批准，并将商定的学校章程草案提交教育与科学部批准。

（十三）根据董事会的指派，向国家评估和考试中心提出申请并签订协议，以便根据国家课程组织期末考试。

1. 在成立新的或重组的公立学校的第一个董事会之前，履行公立学校管理机构的职能；

2. 在被解职、终止或未能选举董事会，以及未能根据格鲁吉亚法律行使权力的情况下，执行公立学校董事会的功能。

（十四）履行格鲁吉亚法律和学校章程确定的其他职能。

二、校长应按照格鲁吉亚法律和学校章程的规定发布个别规定。

三、学校校长可以与军事首长或艺术指导协调行使本条确定的权力，分别根据普通教育机构的章程，进行军事或专业艺术培训和教育计划。

第四十四条　校长权力终止

一、公立学校校长的权力应由授权机构根据格鲁吉亚法律和劳动协议规定的程序终止，公立学校校长的权力也可在达到退休年龄时终止，其权力终止（包括劳动协议的终止）的理由和程序，应符合法律规定。

二、校长的权力在教育管理信息系统登记后终止。

三、在格鲁吉亚教育与科学部选举校长或任命校长之前，校长的职能应由格鲁吉亚教育部任命的代理校长履行。

四、在指定军事训练和教育方案的普通教育机构校长之前，校长的职能应由格鲁吉亚国防部任命的代理人履行。

第九章
普通教育机构教师委员会

第四十五条　教师委员会

一、教师委员会中的教师和初任教师享有平等的选举权。须半数以上委员出席，方可召开教师委员会会议。

二、经三分之一的教师委员会委员同意，方可召开董事会代表听证会。

三、教师委员会主席由多数成员选举产生，负责领导教师委员会和召集教师委员会会议，任期三年。

四、在教师委员会内，可根据教师委员会工作范围设立若干工作组，工作组应执行委员会的指示，并向委员会负责。

五、教师委员会做出决定时应由多数人投票，赞成票不得少于总票数的三分之一。

六、在进行艺术教育的普通教育机构，教师委员会的权力可由艺术委员会行使。艺术委员会由艺术委员会的负责人领导，该负责人应按照章程规定的程序进行选举或任命。

第四十六条　教师委员会的职能

教师委员会职能如下。

（一）根据国家课程规定，与校长共同制定学校课程，并与董事会协调予以批准。

1. 如有需要，应与校长协调批准个别课程。

（二）与董事会协调、批准教材，包括教师根据教育水平和科目在学年内选择的教科书清单。

第十章

普通教育机构中的学生自治机构

第四十七条　学生自治机构

一、学生自治机构是根据本法和学校章程选出的、代表学校的学生自治团体。

二、基础教育和初中教育的学生应选举其自治机构。

三、学生自治机构的选举应在平等的基础上，以无记名投票方式，按照透明和按学生年级平等代表的原则进行。

四、学生自治机构由自治机构选举产生的主席领导。

第四十八条　学生自治机构的职能

学生自治机构应：

（一）提出制定有关学校内部条例的建议；

（二）有权就学校所有重要问题向董事会提出建议；

（三）选举其董事会代表；

（四）参与处置根据学校章程和法律的规定获得的赠款；

（五）在五分之一成员的倡议下建立学校俱乐部。

第十章[1]　教育机构资源官、教育机构资源官办公室

第四十八条[1]　教育机构资源官、教育机构资源官办公室

一、教育与科学部应在教育与科学部（教育机构资源官办公室）内根据公法设立教育机构资源官办公室的法律实体。其宗旨是：

（一）确保法律实体（公共教育机构）的公共秩序处在公法规定的范围内；

（二）依据协议，确保根据私法设立的教育和非企业法人实体的公共秩序；

（三）依据协议，确保根据公法设立的法人实体的公共秩序。

二、教育机构资源官及其办公室的活动由教育与科学部进行管理。

三、年满20岁、无犯罪记录、会说官方语言、接受过完整的普通教育、身体健康、懂得学生发展规律、熟悉教育机构资源官员的职责、能够履行法律规定责任的格鲁吉亚公民，可以担任教育机构资源官。

（一）学校校长应与董事会协调，任命或解雇教育机构资源官。

四、教育机构资源官在执行公务时应着制服，其制服应由教育与科学部批准。

第四十八条[2]　教育机构资源官办公室主任

一、教育机构资源官办公室主任应由教育与科学部部长任免。

二、被任命为教育机构资源官办公室主任的人员应接受过高等教育。

三、教育机构资源官办公室主任应：

（一）管理教育机构资源官办公室，负责实现教育机构资源官办公

第十章　普通教育机构中的学生自治机构　059

室的目标;

（二）确保及时和适当地执行教育与科学部部长的指示;

（三）向教育机构资源官提供指导;

（四）向教育与科学部部长提交有关教育机构资源官业绩的建议和报告;

（五）行使教育机构资源官办公室章程确定的其他权力。

第四十八条[3]　教育机构资源官的权利和义务

一、教育机构资源官的权利和义务是:

（一）监管教育机构及其周边地区;

（二）预防在教育机构及周边地区的犯罪行为并通知有关执法机构;

（三）应董事会、教师委员会、行政部门、教师、学校校长或教育机构的学术人员要求，与有社交障碍的学生进行沟通、单独访谈并监督其行为;

（四）向学生宣传有关民防、交通安全、行政犯罪和刑事犯罪及其后果的知识;

（五）及时将有社交障碍学生的行为通知其父母和教育机构的相关人员;

（六）在紧急情况下（火灾、洪水、地震等），保护学生并帮助学生及其他人员疏散;

（七）调解学生之间的冲突，查明冲突情况并予以解决;

（八）与有社交障碍的学生及其父母谈话;

（九）独立或与教育机构管理部门一起确保教育机构范围内的秩序和纪律;

（十）按照教育与科学部的要求，编写普通教育机构的违规行为报告，并将该报告提交给该教育机构的负责人和教育机构资源官办公室主任；

（十一）建立普通教育机构违规行为电子数据库；

（十二）进行独立调查，以搜集实施违纪行为时使用的工具、违纪所得物品以及其他证据；

（十三）在法律规定的情况下可使用特殊手段。

二、教育机构资源官应邀出席各教育机构的会议，并就其权限范围内的问题发表意见。

第四十八条[4]　教育机构资源官的法律保护

一、教育机构资源官在执行公务时受法律保护，资源官的合法要求具有强制性。

二、除法律规定外，任何人不得干涉教育机构资源官的履职活动。

三、妨碍教育机构资源官执行公务、侵犯其名誉和尊严、威胁其人身安全和健康、向其示威或侵犯其财产，应承担法律责任。

四、教育机构资源官应履行法律规定的公务。

五、教育机构资源官有权向法院提出申请，以保护其权利和自由。

第四十八条[5]　教育机构资源官的社会保护

一、教育机构资源官应接受强制性的国家保险。

二、教育机构资源官在执行公务时遭受的损害，应按照法律规定从国家预算中全额赔偿。

三、如果教育机构资源官在执行公务时死亡，应从国家预算中一次性支付其家属（继承人）不超过15000拉里的补偿。教育机构资源官的丧葬费用应由国家承担。

四、如果教育机构资源官在执行公务时致残，应根据法律规定的伤残程度，一次性获得不超过7000拉里的补偿。

第十章　普通教育机构中的学生自治机构　061

五、应根据法律规定向教育机构资源官支付抚恤金。

六、本法未规定的为教育机构资源官确定的其他社会保护措施和利益，可根据法律规定，在国家预算拨款范围内支付。

第四十八条[6]　教育机构资源官使用武力和特殊手段的情况和程序

一、教育机构资源官只有在采取较轻措施不能执行公务时，才有权使用武力和特殊手段。教育机构资源官使用的特殊手段清单应由教育与科学部部长批准。

二、根据本条第一款，教育机构资源官遇到以下情况有权使用武力和特殊手段：

（一）阻止犯罪并逮捕罪犯；

（二）阻止在教育机构及其周边地区对他人的攻击；

（三）防止在履行公务时遇到阻力；

（四）在有理由相信他（她）可能藏匿或伤害他人的情况下将被捕者交给警方。

三、在使用武力和特殊手段之前，教育机构资源官必须：

（一）警告当事人将使用武力和特殊手段，并给予其一定合理的时间以满足资源官的要求，除非延误可能使资源官或其他人的生命和健康处于危险之中或造成其他严重后果，或无法提前警告的；

（二）根据危险的性质使用武力和特殊手段，以造成最低限度的伤害；

（三）在使用武力或特殊手段后24小时内，通过教育机构资源官办公室主任书面报告教育与科学部；

（四）不要把其他人的生命和健康置于危险之中。

四、不得对孕妇和残疾人使用武力和特殊手段，除非其活动对教育机构资源官或其他人员的生命和健康构成明显危险。

第十章[2] 未成年人移送

第四十八条[7] 未成年人移送程序

一、移送（未成年人参与各种文化和教育活动，或对其采取其他措施，将其转到其他学校或寄宿学校），应在一定期限内完成以确保未成年人的最大权益，针对具有反社会行为的未成年人，在向专家委员会提出申请后的6个月内他们应已年满12岁，但未达到18岁。

二、反社会行为是对未成年人的心理和社会发展、其安全或他人安全、福利或法律秩序构成威胁，并系统地留观不少于6个月的行为，除非未成年人严重犯罪。

三、在特殊情况下，年满10岁的未成年人因犯《格鲁吉亚刑法》确定的刑事行为被移送，就应根据刑法规定负刑事责任。

四、未成年人犯《格鲁吉亚刑法》规定的非法或有罪行为时若达到规定的刑事责任年龄则不适用于移送。

五、关于移送未成年人的决定应由教育与科学部内的一个社会工作者、律师、教师和心理学家组成的专家组做出。专家组主席和成员应由教育与科学部任命。

六、学校、资源官、未成年人的父母或法律代表、检察官、地区督察和社会工作者有权就未成年人的移送向专家组提出申请。申请书必须包括未成年人行为说明和确认该行为的相关文件（如果有的话）。

七、在审查移送问题之前，社会工作者应在专家组成员的协助下对未成年人进行生理、心理、社会评估。

八、专家组应按照本法和专家组章程的规定，根据授权人的申请，审查并解决移送问题。专家组章程由教育与科学部部长批准。

九、在审查移送问题时，专家组应听取申请者、未成年人（基于他/她的利益)、其父母或法律代表和社会工作者的意见。如有必要，专家组可听取其他人的意见。

十、专家组在审查未成年人移送的可行性问题后，应根据审查过程中查明的情况做出决定。在做出决定时，必须考虑对未成年人生理、心理、社会评估的影响。

十一、专家组可就以下方面做出决定。

(一) 不建议移送未成年人。

(二) 移送未成年人(包括将未成年人转到寄宿学校)。在这种情况下，该决定应说明适用的移送措施(包括转到寄宿学校)及其条件。

(三) 将未成年人转到寄宿学校(向法院提出动议)。

十二、只有在其他措施不足以使未成年人重新融入社会的情况下，专家组才应决定(提出动议)将未成年人转到寄宿学校。未成年人转入寄宿学校，直到下一学期结束为止。

十三、只有在未成年人的父母或法定代表人拒绝将其转入寄宿学校时，才接受关于将未成年人转到寄宿学校的动议。

十四、在以下情况下专家组应决定将未成年人转到寄宿学校而无须向法院申请：

(一) 经未成年人的父母或法定代表人书面同意；

(二) 未成年人犯有严重或特别严重罪行。

十五、在本条第十一款第(一)、(二)项(将未成年人转到寄宿学校的除外)和第十四款第(一)项确定的情况下，不得对专家组做出的决定提出上诉。

十六、应将专家组的决定通知未成年人移送申请者及其父母或法定代表人(除非他/她是申请者)。

第四十八条[8]　关于移送未成年人决定的执行

一、移送未成年人的决定应由未成年人的父母或法律代表和相关机构的授权人员在该决定所确定的时限内执行。如果违反时限，应由社会工作者根据专家组的要求执行该决定。

二、如果社会工作者无法执行将未成年人移送到寄宿学校的决定，则他/她有权向警方提出申请，以执行该决定。

三、如果本条第一款确定的人员不执行移送未成年人的决定（转到寄宿学校的除外），应处以 300 拉里的罚款。

四、重复本条第三款确定的行为，将会受到 500 拉里的罚款。

五、对于本条第三款和第四款确定的行政犯罪，专家组授权的人应拟定有关行政犯罪的议定书，法院应根据《格鲁吉亚行政犯罪法》的规定审查该案件并做出裁决。

六、在本条第四款确定的情况下，专家组应有权审查将未成年人转到寄宿学校的问题。决定应当按照本章规定的程序做出。

七、强制执行罚款应在根据格鲁吉亚行政犯罪法确定的自愿执行时限期满后执行。强制执行罚款应由法警按照《格鲁吉亚执行诉讼法》的规定执行。

第四十八条[9]　关于移送未成年人决定的更改

一、社会工作者应在专家组采取措施的时限期满前 15 天，向专家组提供有关未成年人取得的积极成果或存在的困难（转到寄宿学校的除外）。如果将未成年人转到寄宿学校，则寄宿学校专家应根据教育与科学部部长确定的程序，将本条确定的信息提交给专家组。专家组有权决定终止、更改或延长未成年人的移送。

二、如果未成年人在取得积极成果的情况下尚未完全完成心理和社会康复，则应延长移送期。

三、如果移送措施未能实现设定的目标或不再需要实现这些目标，则应予以改变。

四、如果更改移送措施或延长将未成年人转到寄宿学校的时间期限，或延长其在寄宿学校的留滞时间，应根据本章的规定做出决定。

第十一章

普通教育机构的政府管理、财产、资金、问责和会计

第四十九条 政府管理

一、政府对学校的管理应通过教育与科学部、阿布哈兹自治共和国和阿扎尔自治共和国教育与科学部依法确定的其他国家管理机构以及包括本法在内的相关法律进行。

二、政府管理包括监督普通教育机构的执法情况和教育与科学部行政法规的落实情况。

三、在下一学年开始之前，公立学校应向教育与科学部提交上一年度的执法情况和学习过程的进度报告。提交报告的形式和时间由教育与科学部确定。

四、为了落实本法规定的管理，教育与科学部应要求学校提供文件和资料，或对执法情况和教育与科学部的行政法规的落实情况进行现场调查。

五、学校必须在教育与科学部提出要求后 15 天内向其提交所要求的资料。

六、如果本法第三十五条第二款确定的公立学校出现违反法律和教育与科学部行政法规的行为，教育与科学部有权向学校发出书面警告或就提前终止校长的权力向董事会提出建议。董事会应在教育与科学部建议所规定的时限内审查提前终止校长权力的问题。

（一）在本条第六款确定的情况下，如果董事会没有终止学校校长的权力，则董事会有义务证明其决定合理。教育与科学部有权拒绝董事会的决定，并在校长任期届满之前终止校长的权力。利害关系方可就本条第六款确定的建议以及关于提前终止校长权力的最后决定提出上诉。

（二）对教育与科学部就本条第六款、第六款第（一）项和第七款的规定可提出上诉，但不得中止有争议行为。

七、教育与科学部有权：

（一）如果公立学校活动违反了法律，则解散董事会；

（二）如果公立学校在一年内因校长的活动而收到两次书面警告，则在校长任期届满前终止其权力；

（三）如果公立学校在一年内因代理校长的活动而收到两次书面警告，则在代理校长任期届满前终止其权力；

（四）如果公立学校未能在书面警告规定的时限内纠正违规行为，则在其任期届满前解散董事会或终止校长（代理校长）的权力。

注：如果校长（代理校长）的权力在根据本条第七款任期届满之前终止，教育与科学部有权任命新的代理校长。在这种情况下，应适用本法第四十二条第六款的程序。

八、已删除。

九、如果校长（代理校长）的权力在本条第六款、第六款第（一）项和第七款规定的任期届满前终止，或由于校长（代理校长）违反劳动协议而由教育与科学部或董事会决定，被终止权力的人无权担任校长（代理校长）、学校副校长或公立学校管理部门的任何其他职位，为期三年。

第五十条　公立学校的财产

一、根据法律规定，公立学校的建筑和土地属于国有，学校可免费使用。

二、公立学校应经教育与科学部同意，并根据法律规定经阿布哈兹自治共和国和阿扎尔自治共和国教育部同意处置国有财产，但本条第三款所规定的情况除外。

三、为满足教师的专业发展需要，公立学校有权将学校区域临时提供给经过认证的教师专业发展机构使用。

第五十一条　普通教育机构的经费

一、根据本法和其他法律，按照本法第二十二条第五款规定的程序，通过发放教育券来资助学校。

二、公立学校有权吸收法律允许的其他资金，包括经济活动收入。除非这些活动对健康有害或对学生的身心发展有不利影响。所得款项只用于实现法律规定的学校目标和职能。

三、学校的所有收入和支出应在其预算中反映。

四、学校应当有独立的银行账户和印章。

第五十二条　普通教育机构的报告和簿记

一、公立学校校长应当按照董事会批准的学校预算分配经费。

二、在紧急情况下，未经董事会同意，校长有权将不超过10%的资金从一个预算项目转移到另一个项目。这一变化绝不能导致教师工资的下降。如果学校预算未获批准，校长有权按月支付不超过上一年度预算

1/12 的款项。

三、签订价值超过学校预算 5% 的协议，须经董事会同意。

四、公立学校应按照法律规定编制财务和经济活动的报告。

第十二章

过渡规定与附则

第五十三条　本法颁布后的失效条款

一、本法通过后，下列规定失效：1997年6月27日所颁布《格鲁吉亚教育法》的第四条第五款，第十一条第二款，第十四条第二款，第十八条第四款的第（十四）、（十五）、（十六）、（十八）项，第二十条的第（十）、（十一）、（十三）项，第二十一条，第二十二条第二款，第二十三条第三款第（一）项的2、3、4，第二十四条第五款，第二十九条第三款，第四十条第三款，第四十四条第四、五款，以及上述法律条文中与本法不同的规定。

二、教育与科学部部长于2003年2月25日发布的第16号令，关于批准政府根据法律通过的国立普通教育机构章程及相应措施，以及与本法不同的相关规定。

第五十四条　起草法律草案

一、在2007~2008学年开始之前，教育与科学部必须起草关于辅导活动、职业教育以及教育机构和课程认证的法律草案。

二、已删除。

三、已删除。

四、教育与科学部必须在 2015 年之前批准针对教师的纪律处分程序。

五、在 2010 年 10 月 1 日之前,教育与科学部必须根据本法第二十六条第一款第(十九)项的 1 制定新的规定。

第五十五条　辅导和教育机构

一、根据公法或私法,教育机构以法律实体的形式存在。

二、教育与科学部应根据公法建立作为法律实体的辅导和教育机构,批准其章程,行使国家管理,进行重组或清算,并任免这些机构的负责人。

三、根据公法,作为法律实体的辅导和教育机构,除学前班外,应由国家预算或法律允许的其他收入提供经费。

第五十六条　校外艺术和体育机构

一、校外艺术机构只开展艺术教育,没有普通教育课程,应根据公法或私法设立为非企业法律实体,由文化与古迹保护部执行国家管理、重组和清算,批准章程,任免负责人。

二、校外体育机构只开展体育教育,没有普通教育课程,应根据公法或私法设立为非企业法律实体,由体育与青年事务部负责执行国家管理、重组和清算,批准章程,任免负责人。

三、在阿扎尔自治共和国境内只开展艺术和体育教育并且没有普通教育课程的校外艺术和体育机构,应根据阿扎尔自治共和国教育、文化与体育部的私法批准设立为非企业法律实体,并批准章程,任免负责人。

四、校外艺术和体育机构,如果只开展艺术和体育教育,没有普通教育课程，应由地方自治政府的执行机构根据私法设立为非企业法律实体，批准章程，任免负责人。

第五十六条[1]　校外艺术和体育机构的教师

一、已删除。

二、校外艺术和体育机构的教师应当按照政府批准的"教师职前、专业发展、职业提升计划"开展教师职前工作、实施专业发展和职业提升。

三、已删除。

四、校外艺术和体育机构应当履行本法第三十三条第一款第（十一）、（十二）、（十三）项规定的义务，行使本法第三十三条赋予的教学活动权。

五、为了确定管理校外艺术和体育机构教学活动的条件和程序，文化与古迹保护部和体育与青年事务部应参加制定与校外艺术和体育机构教师的培训和发展有关的教师培训和专业发展方案认证章程。

第五十七条　中等职业教育机构

一、中等职业教育机构可作为公法或私法下的法律实体存在：

（一）在 2008~2009 学年开始前，如果该实体在 2006~2007 学年开始前两年内已经执行没有普通教育课程的中等职业教育课程；

（二）在 2009~2010 学年开始前，如果该实体在 2006~2007 学年开始前三年内已经执行没有普通教育课程的中等职业教育课程。

注一：私法下的法律实体有权在本条第一款第（一）、（二）项规定的时限内实施职业教育课程，而无须按照法律规定设立另一个独立的法律实体。

注二：从 2007~2008 学年起，中等职业教育机构不得招收中等职业教育第一年的学生。

二、教育与科学部应根据公法设立作为法律实体的中等职业教育机构，并批准其章程，进行国家管理、重组和清算。

三、开展专门的艺术、体育与培训课程的中等职业教育机构，由相关部门依照公法设立法律实体，批准其章程，任命其负责人，进行国家管理、重组和清算。

四、中等职业教育机构是公法下的法律实体，应由中央国家预算、地方预算和法律允许的其他收入提供经费。

五、中等职业教育在基础教育之后实施。公法下的法律实体，以及根据100%国家参与设立的私法法律实体——在2005~2006学年结束前实施普通教育课程的中等职业教育机构，有权向在2005~2006学年结束前完成教育课程并在中等职业教育机构学习不少于两年的学生签发证明普通教育的文件。在2005~2006学年结束前，这些机构的普通教育课程应在计划资助范围内提供经费。

（一）根据私法设立的法律实体——中等职业教育机构，应出具一份文件，证明适当程度的普通教育，以确认普通教育课程的完成情况，但根据法律规定的中等职业教育文凭除外。

六、中等职业教育机构应当获得资格认证。中等职业教育机构的认证程序和条件以及标准应由教育与科学部根据国家认证局的建议与分支部门协调确定。

七、中等职业教育范围内的普通教育课程由本法资助，职业教育课程由中央国家预算或法律允许的任何其他收入资助。

第五十八条　普通教育机构是公法下的法律实体

一、教育与科学部应确保在2005年8月1日之前根据公法规定建立公法下的普通教育机构，并依照本法批准现有法律实体的新章程。

二、适用于公法下法律实体的规定，也适用于教育和辅导机构，由国家预算提供经费。

三、对于本条第一款所界定的机构,教育与科学部应批准统一的法规形式作为建立这些实体的基础。教育与科学部应公布章程并根据规章设立普通教育机构。

四、在本法通过后一个月内,教育与科学部、经济与可持续发展部、司法部和财政部应向政府提交一个财政和法律条款的计划,说明建立公法下的普通教育机构所需的措施。

五、本法第五条第四款自2010~2011学年开始逐步生效。

六、本法第三十六条第二款自2011~2012学年开始生效。

七、本法第二十六条第一款第（十三）项的1、第二十七条第一款第（一）项、第二十九条第一款第（七）项的1自2011~2012学年开始生效;根据公法设立的作为法律实体的普通教育机构可以在其创始人认可下改组为根据私法设立的非企业法律实体,该法律实体在公法下应被视为合法继承人。

第五十九条　普通教育机构管理机构的首次选举

一、教育与科学部应在2006~2007学年结束前举行公立学校董事会的第一次选举。第一次选举只能按照教育与科学部批准的时间表和程序进行。

二、法律规定:

本法生效后,教育与科学部部长有权任免开设至少一个普通教育水平课程的教育机构的校长,还可任免只执行艺术和体育课程而没有开设普通教育课程的校外教育机构的校长;文化与古迹保护部和体育与青年事务部可依法任免校外艺术和体育机构的校长。在根据本法选举校长之前,代理校长由教育与科学部任命;本法第五十六条规定的校外机构负责人,应于2006~2007学年开始前由文化与古迹保护部和体育与青年事务部部长下令任命。

三、公立学校董事会成员的权力在本法生效时终止。

四、代理校长和普通教育机构行政部门主管的权力在教育与科学部登记首任当选校长后终止。

五、首任当选校长必须在注册后一个月内与其普通教育机构的所有教师签订劳动合同。

（一）公法下的法律实体——在 2014 年 1 月 1 日之前由格鲁吉亚教育与科学部设立/重组的普通教育机构应被授权作为普通教育机构/学校开展普通教育活动，并得到本法规定的资助，直至 2020~2021 学年开始。教育与科学部应确保在 2020~2021 学年开始前逐步批准普通教育机构。

六、私法下的法律实体——在 2010 年 9 月 1 日之前由格鲁吉亚教育与科学部设立的普通教育机构应被授权作为普通教育机构开展普通教育活动，并得到本法规定的资助，直至 2015~2016 学年开始。教育与科学部应确保在 2015~2016 学年开始前逐步批准普通教育机构。

（一）教育与科学部必须在 2011 年 5 月 1 日之前确定本条第六款规定的普通教育机构的授权。

七、已删除。

八、已删除。

九、公立学校董事会可就第一次选举的结果向教育与科学部提出上诉。

第六十条　使教育计划符合普通教育水平

在 2006~2007 学年开始之前，教育与科学部将确保所有普通教育机构按照国家课程开始教学。

第六十条[1]　2011~2012 学年国家课程生效前应采取的措施

教育与科学部应根据本法第五条第三款规定的学科组，逐步采用国家批准的教科书。

第六十一条 已删除

第六十一条[1] 已删除

第六十一条[2] 从教师资格认证转向教师职前、专业发展和职业提升计划

一、在2014年底前举行的教师认证考试的结果，应按照法律规定的教师职前、专业发展和职业提升计划在教师的安置过程中予以考虑。

二、根据格鲁吉亚法律规定，在2015年1月1日之前已是教师的人员被视为达到教师要求。

第六十二条 普通教育机构的经费

一、普通教育经费根据本法第二十二条第三款从中央国家预算中逐步落实，不得迟于2007~2008学年。到目前为止，普通教育应由地方政府机构资助。没有地方政府机构的城镇普通教育机构，应由地方自治机构资助。国家必须支付地方政府/自治政府分配的金额与每个学生确定的财务标准之间的差额。

二、在根据本法第二十二条第三款从中央国家预算中开始资助普通教育之前，地方政府/自治机构的代表有权在董事会中投票。

三、本法第二十一条第二款应在2005~2006学年开始前生效。

第六十三条 转为十二年制普通教育

一、教育与科学部应确保从2006~2007学年开始逐步过渡到十二年制普通教育。

二、十二年制普通教育不适用于2006~2007学年开始时十一年级

的学生。

三、已删除。

四、已删除。

第六十三条[1]　认可被占领土上的普通教育

在被占领土上获得的普通教育应按照教育与科学部确定的程序予以认可。

第六十三条[2]　国家在阿布哈兹自治共和国境内公立学校财产的处置

在阿布哈兹自治共和国境内提供适当条件后,应将本法第五十条第二款规定的权利授予阿布哈兹自治共和国教育部。

第六十三条[3]　2014~2015学年初等教育入学年龄的补充规定

2015年1月1日之前年满6岁,或2013~2014学年在预备班学习以接受初等教育,2014~2015年开学前年龄超过5岁的儿童,在2014~2015学年有权接受初等教育。

第六十三条[4]　学生参加实践课程

2010年9月1日实施实践课程的普通教育机构有权在被录取的学生完成实践课程之前继续这一教育活动。在2010年9月1日之后不得招收学生参加实践课程。

第六十三条[5]　承认2010年9月1日之前格鲁吉亚教廷东正教无执照教育机构签发的普通教育文凭

在2015年1月1日之前,教育与科学部和格鲁吉亚教区必须编制格鲁吉亚教徒自治教会的无证教育机构名单,其文件证明在2010年9

月 1 日之前发放的普通教育文凭依法认可。

第六十四条 本法生效

本法自颁布之日起生效。

格鲁吉亚总统

米哈伊尔·萨卡什维利（Mikheil Saakashvili）

第比利斯

2005 年 4 月 8 日

No. 1330-IS

第二编　格鲁吉亚高等教育法

第一章

总 则

第一条 本法适用范围

本法旨在规范高等学校的教学和科研活动的实施条件、高等教育管理和筹资规则，明确高等学校的地位及其设立、经营、改组、清算、许可和认证规则。

第二条 术语定义

本法术语定义：

一、申请人：持有格鲁吉亚颁发的普通教育文凭或同等学力，并计划继续在高等教育机构就读的人。

二、自治：高等学校与其部门拥有独立计划和实施学术、财经和管理活动的自主权。

三、学术自由：学术人员和学生自主开展研究、教学和学习活动的权利。

四、学术流动：学生和学术人员可自由进出本国以确保参与学习、教学和研究过程，且根据格鲁吉亚法律和高等教育机构规定承认其学位和资格证书。

五、学术委员会：高等教育机构的最高权力机构。

六、学术学位：高等教育机构在个人达到某一学术水平后授予其的学位。

七、学术头衔：根据现有法律机构和公民对外国科学家、学者或公众人物学术活动的认可，授予其特定成就的头衔（荣誉博士、荣誉称号）。

八、认证：确认高等教育机构或教育课程地位（颁发国家认可证书的权利）的程序。该程序由"国家认证机构"执行，判定高等教育机构（机构认证）或教育课程（课程评审）是否符合国家规定。

九、助理教授：高等教育机构的学术职位，由持有博士学位的人或博士生担任，负责举办研讨会、管理实验室或开展课程实习。

十、副教授：高等教育机构的学术职位，由持有博士学位的人担任，参与主要研究过程并指导助理教授和学生的研究活动。

十一、执行校长（行政首长）：高等教育机构的行政首长，负责财政、物资及人力资源管理。

十二、学士：在完成高等教育第一阶段学士课程后被授予学位的人。

十三、本科课程：高等教育三阶段中的第一阶段，提供相关领域基础理论教学的课程组合，这是攻读硕士学位或从事高于普通教育水平的专业所必需的。

十四、学位文凭：高等教育机构颁发的证明已取得学位或资格的文件。

十五、认证专家：授予单级高等教育课程或多级高等教育课程第一层级的毕业生学位的人，使毕业生为职业做准备。

十六、学历证明：高等教育机构颁发的证明学生学业成绩和身份的文件和文凭。

十七、博士学位论文：博士生为获得学术博士学位而进行的学术研究的成果。

十八、博士生：已注册博士课程的人。

十九、博士课程：第三级高等教育课程，旨在培养研究人员而进行的学习与研究相结合的活动，以授予学术博士学位为目的。

二十、博士学位：博士学位论文答辩后授予博士研究生的最高学位。

二十一、全国统一考试：考查新入学者是否已准备好接受高等教育课程的程序。

二十二、个别学习课程：为满足学生的特殊兴趣和学术训练水平而设计的特殊学习课程、内容、范围和方法。

二十三、学院（高等教育学院）：有权授予一个或多个研究领域学位的高等教育机构，并且能够提供不少于70%的学士课程、特殊高等教育或硕士课程。

二十四、系数：在学年初由高等教育机构规定的指标，为特定高等教育机构特定学院的招生提供全国统一考试成绩排名依据。

二十五、学分：计算学生课程学习量的单位。

二十六、毕业生：已修完高等教育课程的人。

二十七、许可证：格鲁吉亚教育与科学部授予私立高等教育机构从事高等教育活动的权利，如果该机构符合相关部门的要求，则有权开展相关活动。

二十八、硕士：完成高等教育第二阶段课程即硕士课程且被授予学术学位的人。

二十九、硕士课程：大学第二阶段课程，是高于学士学位的课程，旨在培养研究人员或专家。

三十、模块：学科中相对独立的一个单元，数个模块组成一门课程。

三十一、专业组织：依法自愿设立的非营利性实体，旨在推动专业发展，保护成员的共同利益，共同遵守职业道德。

三十二、教授：高等教育机构的学术职务，领导研究过程，指导副教授、助理教授和学生研究工作的人。

三十三、总分排名：由国家考试中心确定、经教育与科学部批准、考生在全国统一考试中获得的总分排名，以确定获得国家教育补助金继续接受高等教育的考生名单。

三十四、系数排名：考生在全国统一考试中获得、由国家考试中心确定、经教育与科学部批准、根据各学校初步确定的系数重新计算的总分排名。根据该结果，决定学生是否享受国家教育补助金，被录取到哪所高等教育机构、学院和专业。

三十五、特定职业：除具备相关学术知识外，还需通过国家执业资格考试的职业。

三十六、特定教育课程：国家规定的具有特殊认证条件的课程或国家认可的硕士、博士专项培养研究课程。

三十七、校长：高等教育机构学术委员会主席。

三十八、教育课程：为获得相应学术学位而设计的学习课程组合（目标、内容和范围、知识和技能的评价、学习过程和方法）。

三十九、教育证书认证：由主管机构根据要求对在国外接受的教育或资格进行认证或对在格鲁吉亚颁发的教育证书的真实性进行核实。

四十、博士学位论文委员会：在高等教育机构教师中设立的有权授予博士学位的组织。

四十一、大学教育：由学士、硕士和博士课程组成的高等教育课程。

四十二、表演课程：旨在培养艺术或体育表演者（包括艺术家、音乐家、演员、运动员等）并授予相应学术学位的教育课程。

四十三、国家教育补助金：根据全国统一考试成绩分配给学生，用于资助经认证的高等教育机构第一级教育课程。

四十四、艺术高等教育：培养艺术表演者的高等教育。

四十五、体育高等教育：培养运动员的高等教育。

四十六、特殊高等教育：只有一个特定领域教育课程的高等教育。

四十七、大学生：依照本法和高等教育机构章程，在高等教育机构注册完成学士、硕士或博士课程的人。

四十八、高等教育：普通教育之后的教育，旨在培养不同职业领域的专家和高素质人才。

四十九、高等教育机构：从事教学、科学研究、社会服务等活动，且授予学位的机构，包括主体及其下属机构。

五十、高等教育分支机构：高等教育机构的一部分，具有一定的独立性，在地理位置上与母体机构分离，并实施相同的高等教育课程。

五十一、大学：有权授予三类学术学位的多学科高等教育机构，至少提供70%的学士、硕士或经认证的专门教育课程。

五十二、学院：高等院校从事教学、科研和行政的基本单位，为学生提供一个或多个专业的学术学位。

五十三、教务委员会：学院的分支机构。

五十四、院理事会（代表委员会）：学院的分支机构。

五十五、质量保障：内部及外部的评估，用以改善高等教育机构的教育质量。

第三条　高等教育目标

一、格鲁吉亚高等教育的主要目标如下：

（一）促进格鲁吉亚和世界文化的发展，促进民主和人文主义的发展，是文明社会存在和发展必不可少的；

（二）为满足个人兴趣和能力发展的需要，接受适当的高等教育，提升个体技能水平，开展再培训；

（三）发挥个人潜能，发展创造能力，培养满足现代社会要求的人，提高毕业生在国内外劳动力市场上的竞争力，并向感兴趣的人提供高质量的教育；

（四）培训和再培训新的科学研究人员，以确保国家发展和高等教育体系的可持续性；为科学研究提供有利条件；

（五）鼓励高等教育机构学生和学术人员流动。

二、为实现本条第一款所列目标，国家应确保：

（一）高等教育的可行性和开放性，教学、学习和研究的自由；

（二）提供终身学习机会；

（三）高等教育与科研的融合；

（四）在高等教育机构建立质量保障体系，包括认证制度和质量保障服务；

（五）在欧洲教育和研究领域以及其他国际合作体系中进行有效的教学、学习和研究合作；

（六）高等教育机构自治；

（七）高等学校教职工和学生参与决策并监督执行情况；

（八）禁止高等教育领域内任何形式的歧视，包括学术、宗教、种族、观点、性别、社会背景和其他背景等；

（九）高等教育机构管理的公开透明；

（十）创建有助于实现本条第一款中所述目标的其他条件。

三、为实现本条第一款所列目标，高等教育机构应做到以下方面。

（一）培养掌握理论知识和科研能力的专业人才。

（二）提供提升人员技能水平的机会。

（三）改善学生的社会地位。

（四）为残疾学生创造学习条件。

（五）鼓励在本行政区域内发展体育事业。

（六）与格鲁吉亚其他高等教育和研究机构合作。

（七）促进与其他相关国家教育机构的国际合作和师生交流。

（八）在自由、民主和社会公平的环境下，通过教学、学习和质量提升来开展研究。

（九）支持传播现代知识和技术。

（十）确保高等教育的可行性和开放性，确保教学、学习和研究中的学术自由，保障终身教育机会。学术人员和学生参与决策和监督其实施，保障高等教育机构管理的公开透明。禁止在高等教育领域进行一切形式的歧视，包括学术、宗教、种族、观点、性别、社会背景和其他背景等。

（十一）确保创建其他条件，以帮助实现本条第一款列出的目标。

注：学术自由的限制条件。

（一）研究自由：组织问题和确定优先事项。

（二）教学自由：参与学习过程有关的组织问题，批准学习课程的授课时间和计划。

（三）学习自由：组织学习过程，提供高质量的教育。

四、高等学校不得设立政治组织和宗教组织。

第四条　高等教育语言

在阿布哈兹自治共和国，高等教育机构的教学语言是格鲁吉亚语，也可为阿布哈兹语。（除个别学习课程外，还可以用其他语言进行授课，但前提是符合国际协议或征得格鲁吉亚教育与科学部的同意。）

第二章

高等教育管理体系

第五条　格鲁吉亚议会在高等教育领域的权力

格鲁吉亚议会应：

（一）明确高等教育政策和管理的重点方向，并通过适当的法律；

（二）不定期听取格鲁吉亚教育与科学部部长关于高等教育领域国家政策、财政活动和公共项目执行情况的报告。

第六条　格鲁吉亚政府在高等教育领域的权力

一、格鲁吉亚政府应做到以下方面。

（一）在高等教育领域贯彻国家政策。

（二）明确国家教育补助经费数额。

（三）根据格鲁吉亚教育与科学部的建议，确定高等学校国家优先专业学生教育经费和社会项目经费的数额和条件；这种资助不得超过每年教育补助金总额的6%。

（四）根据格鲁吉亚教育与科学部的建议，设立具有公法法律实体地位的高等教育机构。

二、格鲁吉亚总理应根据格鲁吉亚教育与科学部的提议，任命国家教育机构认证委员会和国家考试中心的负责人。

第七条　格鲁吉亚教育与科学部在高等教育领域的权力

一、格鲁吉亚教育与科学部应：

（一）实行统一的高等教育政策；

（二）编制反映高等教育体系指标的基础文件；

（三）建议格鲁吉亚政府批准教育补助金的数额，确定在高等教育机构就读优先专业的学生以及通过社会计划资助学生的资助金额和资助条件；

（四）向格鲁吉亚总理提议国家考试中心和国家教育机构认证委员会候选人；

（五）向具有私法法律实体的高等学校颁发执照，监督其执行情况是否符合许可条件，如有违反，有权吊销执照；

（六）根据国家教育机构认证委员会的提议，批准高等教育机构认证章程，违反章程条件的，可要求国家教育机构认证委员会撤销其认证；

（七）制定和批准国家考试中心、国家高等学校认证委员会等公法法律实体的法规；

（八）依据理事会的提议和格鲁吉亚规范法，通过具有公法法律实体地位的高等教育机构章程，并发布体育和艺术高等教育机构的章程草案；

（九）根据国家考试中心的建议，通过统一的国家考试法规和考试时间，公布国家考试成绩的总分、排名和在国外接受完整教育的人员进入格鲁吉亚高等教育机构的入学条件，支持在社会计划框架内举办国家统一考试以及希望在格鲁吉亚接受高等教育的外国公民的活动；

（十）与国际组织、外国及其教育机构合作，监测和确保高等教育的质量；

（十一）依照本法第七十四条第三款的规定，委派具有公法法人资格代表的高等教育机构为后续活动提出相关建议；

（十二）国家对具有公法法律实体地位的高等教育机构进行管理，负责实施高等教育领域的规范性法规，艺术、体育高等教育除外；

（十三）制定高等教育专业目录、高等教育证明文件和成绩单；

（十四）设置高等教育机构和项目认证费用的上限；

（十五）明确国家教育经费由一所经认证的高等学校转入另一所高等学校的程序和条件；

（十六）履行格鲁吉亚法律和外交部章程规定的其他职责。

二、格鲁吉亚教育与科学部应按照规定和下列要求，将具有公法法律实体地位的高等教育机构的校长和理事会执行校长的资料录入教育机构登记处：

（一）所有资料须于收到后一个月内登记；

（二）不得录入违反本法和其他高等教育领域规章制度规定的内容；

（三）如在一个月内，格鲁吉亚教育与科学部未将其发现的违规数据通知提供方，则该数据被视为已注册数据。

第八条　文化、文物保护与体育部在高等教育领域的权力

根据本法，文化、文物保护与体育部分管的具有公法法律实体地位的艺术、体育高等教育机构应：

（一）经格鲁吉亚教育与科学部同意，向政府提交格鲁吉亚关于设立高等教育机构的建议；

（二）根据格鲁吉亚教育与科学部的批复结果和《格鲁吉亚规范法》，通过高等教育机构章程；

（三）依照《格鲁吉亚公法法律实体法》，国家对高等教育机构实行管理；

（四）负责艺术、体育高等教育领域规范法的实施；

（五）确保艺术、体育高等教育项目经费的筹措。

第三章

高等教育机构的宗旨、类型、组织/法律地位、设立、重组和清算

第九条　高等教育机构的类型和组织/法律结构

一、格鲁吉亚高等教育机构的类型如下：

（一）大学；

（二）学院（高等教育学院）。

二、高等教育机构可以作为公法或私法的法律实体存在。

第十条　高等教育机构的职能分工

一、高等教育机构依照本法规定应当：

（一）批准学院学习、研究及创造性工作政策；

（二）制定章程，制定机构内部规章制度、道德规范和纪律责任的规则和基础；

（三）统一人员招聘制度；

（四）在学年初，批准由基层单位提出的全国统一考试单项系数；

（五）组建该机构的管理机构和选举管理人员；

（六）根据格鲁吉亚法律，管理机构的财务和财产。

二、高等教育机构的工作人员依照本法规定应当：

（一）制定主要研究方向，研究和创造性工作，设计相关课程和计划；

（二）制定人员招聘程序，经学术委员会提出，由理事会批准；

（三）在学年初，确定全国统一考试的系数；

（四）组建管理机构和选举管理人员；

（五）建立学习质量保障服务体系；

（六）根据格鲁吉亚法律及其章程，对其财务、财产所有权和使用权做出决定。

第十一条　具有公法法律实体地位的高等教育机构

一、国家可设立具有公法法律实体地位的高等教育机构。

二、根据本法和《格鲁吉亚公法法律实体法》规定的程序，格鲁吉亚教育与科学部应对本条第一款所指的公法法律实体实行国家管理，除艺术和体育高等教育机构外。格鲁吉亚文化、文物保护和体育部对艺术、体育高等教育机构实行国家管理。

三、政府颁布具有公法法律实体地位的高等教育机构的法案，应当注明该高等教育机构的名称、类型、办学目的和财产清单。

第十二条　具有私法法律实体地位的高等教育机构

一、依照《格鲁吉亚企业法》和《格鲁吉亚民法典》的规定，可以建立具有私法法律实体地位的高等教育机构。

二、国家和地方自治机构不得为私立高等教育机构的创始人、利害关系人（股东）或者成员。

三、第四章、第五章（第三十二条、三十五条除外）、第十四章规定的规则不适用于私立高等教育机构。

第十三条 高等教育机构的重组和清算

一、高等教育机构可以依照《格鲁吉亚企业法》、《格鲁吉亚公法》、本法和《格鲁吉亚民法典》的有关规定进行重组或清算。

二、经格鲁吉亚教育与科学部提议，政府可以依照格鲁吉亚法律对具有公法法律实体地位的高等教育机构进行重组或清算。

第四章

具有公法法律实体地位的高等教育机构的结构

第十四条　高等教育机构的结构

一、高等教育机构由学院、图书馆和其他相关机构组成，包括校长办公室、执行校长办公室、校长秘书处①和其他部门行政办公室。

二、高等教育机构和有关机构章程应当对高等教育机构的活动做出规定。高等教育机构章程规定该机构或各学院的其他部门，制定活动规则。

三、高等教育分支机构的管理应按照格鲁吉亚法律和章程执行，确保学生和教授在分支管理机构中的地位和质量保障机制的存在。

四、根据国际协议和格鲁吉亚法律规定，外国高等教育分支机构须获得许可证或认证，才可在格鲁吉亚开展业务。

第十五条　高等教育机构的管理

一、高等教育机构的管理体系包括学术委员会、理事会、校长、执

---

① 校长秘书处是专司处理各部委文件的办公室。

行校长和质量保障处。

二、院系的管理体系包括院务委员会、院长及教师质量保障处。

第十六条　高等教育机构管理原则

一、高等教育机构应当保证：

（一）向所有感兴趣的人员宣传和普及管理机构的决定、校长的报告和法令；

（二）学术人员和学生的学术自由；

（三）学术人员和学生参与决策；

（四）平等对待所有人，不论其种族、社会背景、性别、政治或宗教信仰等；

（五）高等教育机构选举的公平透明。

二、高等教育机构和各学院的章程均不得与上述原则相冲突。

第十七条　高等教育机构理事会的选举

一、高等教育代表机构是高等教育机构理事会，应按照代表制从高等教育机构的基本结构单位（系）中选出。理事会成员由学生和学术人员按其在各基层单位的人数比例分别选举产生。理事会人数最低不得少于学术委员人数的两倍，该人数由院校章程规定。

二、理事会应根据高等教育机构章程的规定，通过无记名投票以直接平等选举的方式从高等教育机构内部选举产生。

三、理事会的任期应与基本教学年限相一致，并应在章程中注明。

四、学生人数应占理事会总人数的三分之一。博士在读的助理教授以学生身份参加选举。为使学生受益，在计算学生人数时应采用四舍五入的方式。

五、根据高等教育机构章程规定的规则和比例，理事会不仅包括高等教育机构章程规定的图书馆代表，还包括高等教育机构的校友和公众代表。

六、终止教授和学生与高等教育机构之间的学术或雇佣关系，应同时终止其在理事会的成员资格。

七、理事会成员在任期届满前终止权力时，由在其任期内最后一次选举中得票最多的候选人担任。如无该候选人，则应举行新的选举以填补同一任期的空缺。

八、行政人员、辅助人员和学术委员会成员均不得当选为理事会成员。

第十八条　理事会的权力

一、理事会依照本法应：

（一）在学术委员会的参与下制定高等教育机构章程，并将章程提交格鲁吉亚教育与科学部批准；

（二）制定和批准教育机构的内部规章制度、道德规范和纪律责任程序；

（三）批准高等教育机构预算编制规则和机构章程；

（四）选举理事会会长；

（五）根据学术委员会的建议，确定执行校长职位候选人；

（六）经执行校长提议，通过高等教育机构的预算；

（七）经执行校长提议，建立高等教育机构的管理结构；

（八）批准执行校长的年度报告；

（九）根据学术委员会的合理建议，或自行决定，可在执行校长任期届满前终止其权力；

（十）根据执行校长的建议，通过后勤人员的招聘程序并批准薪酬条款；

（十一）经学术委员会提议，通过学术人员的招聘程序并批准薪酬条款；

（十二）经学术委员会提名，确定质量保障服务处处长的候选人；

（十三）行使格鲁吉亚法律赋予的其他权力。

二、高等教育机构章程规定组织和举行理事会会议的程序。

三、理事会批准预算、选举执行校长、批准执行校长的年度报告需获得多数成员的同意才能通过。

四、本法第七十四条第三款规定，理事会的职权可在任期届满前终止。

第十九条　高等教育机构理事会会长

一、理事会会议由理事会会长组织和主持。会长由理事会成员选举产生，其任期不得超过理事会成员。会长任期应在高等教育机构章程中注明。

二、如有以下情况，可提前终止理事会会长任期：

（一）本人意愿；

（二）依据法院的有罪判决；

（三）死亡；

（四）法院判定其不能履行法定义务；

（五）本法第七十四条第三款规定的情形；

（六）被高等学校解雇；

（七）高等教育机构章程规定的其他情形。

第二十条　高等教育机构学术委员会选举

一、高等教育机构学术委员会是高等教育机构的最高代表机构。学术委员会成员由院务委员会成员中的学院学术人员和学生自治代表组成,通过直接、自由、平等的无记名投票方式选举产生。

二、每个学院在学术委员会中都有相同数量的代表。这个数量应当由高等教育机构章程规定。

三、只有教授才可被选为学术委员会委员。

四、学术委员会委员的任期应当与基础教育水平时长一致,并在章程中注明。

五、在任期过半时,将续聘三分之一的学术委员会委员。

第二十一条 高等教育机构学术委员会的职权

一、学术委员会依本法规定应:

(一)拟定和批准高等教育机构的战略发展规划;

(二)经教职工提议,批准教学和研究计划;

(三)促进高等教育融入欧洲,包括课程、教学、研究计划、机构合作、人员流动和教学一体化等;

(四)以无记名投票方式,在自由和平等选举的基础上,以成员的多数票选出学术委员会主席——校长;

(五)全体成员通过竞选,向理事会提出经多数票选出的执行校长候选人;

(六)向理事会提交一份经全体成员多数票通过的、合理的提案,在执行校长任期届满前终止其权力;

(七)罢免执行校长后一月内,向理事会提出新一届候选人;

(八)参与理事会关于高等教育机构章程、职能部门章程的讨论并审议执行校长的财务报告和年度工作报告;

(九)在新学年开始时,应教师委员会的建议,确定全国统一考试的系数和每个学院的学生人数;

(十)确定其他高等教育机构颁授学位的认证程序;

（十一）经教师委员会提议，批准学位委员会章程；

（十二）向理事会提名高等教育机构质量保障服务处处长候选人；

（十三）拟定并提请理事会批准学术人员的招聘程序和薪酬条款；

（十四）向理事会提交年度报告；

（十五）经教职工提议，授予荣誉博士学位；

（十六）选举高等教育机构图书馆馆长；

（十七）根据质量保障服务处的建议，制定教学及研究活动的评审程序；

（十八）行使法律赋予的其他权力。

二、本法第七十四条第三款规定，学术委员会的职权可以在其任期届满前终止。

第二十二条　高等教育机构校长

一、校长应是高等教育机构的最高学术权威，其作为学术委员会主席，在国内和国际上是高等教育机构学术和研究领域的代表，并有权代表高等教育机构签订协议。当协议涉及财务事项时，应由执行校长签署。

二、校长由教务委员会委员以无记名投票方式，通过多数人选举产生。校长任期由高等教育机构章程规定，但不得超过学术委员会任期。校长可以当选为该大学或其他经认证高等教育机构的教授。

三、高等教育机构学术委员会应根据法律和机构规定，秉承公开公平竞争原则，至少在注册开始前一个月和选举举行前三个月公布有关校长候选人注册的公告和章程。

四、校长任期不得超过两届。

五、执行校长在任期届满后，方可被选为校长。

六、在校长候选人进行选举前，学术委员会应评估每位候选人提交的行动计划。

第二十三条　高等教育机构执行校长

一、执行校长是高等教育机构在财务、物资和人力资源方面的最高行政人员，并代表该机构处理财务事项。

二、执行校长依照本法规定的程序，由学术委员会提名，理事会无记名投票通过。同一人只能提名两次。如果理事会一再拒绝被提名人，学术委员会应提出新候选人。

三、执行校长每一任期不得超过四年。

四、执行校长连任不得超过两届。

五、校长在任期届满后，方可被选为执行校长。

第二十四条　执行校长的职权

一、执行校长应：

（一）负责高等教育机构的管理工作；

（二）可以按照高等教育机构预算的规定，代表高等教育机构签订财政协议；

（三）确定高等教育机构的管理机构，并提请理事会批准；

（四）确定并建议理事会批准辅助人员招聘程序、数量和报酬；

（五）起草并提请理事会批准高等教育机构的预算；

（六）就所进行的工作编制年度报告，并向理事会提出建议，以供批准；

（七）在职权范围内行使权力；

（八）对高等教育机构财经活动的合法性和有效性承担责任；

（九）履行章程规定的其他职责。

二、执行校长对理事会和学术委员会负责。

三、除一般解聘理由外,执行校长的权力可因下列理由被终止:

(一) 理事会多次拒绝批准年度报告和预算;

(二) 理事会的决定。

第二十五条　高等教育机构质量保障服务处

一、高等教育机构的教学、研究活动和人员晋升,应有学生参与,其结果应向社会和有关人员公开。

二、为确保对高等教育机构的教学、研究活动进行系统评价,提高人员素质,应当建立以学校章程为基础的高等教育机构质量保障服务处。

三、高等教育机构质量保障服务处与外国同类机构紧密合作,以制定透明的质量监控标准。

四、高等教育机构质量保障服务处处长经理事会批准,由学术委员会提名。

五、高等教育机构质量保障服务处与院系质量保障服务组织之间的合作应遵循院校章程。

六、高等教育机构通过引进现代化教学评估方法(模块、学分制等)来确保高质量教学,并形成自我评估认证程序。

第二十六条　高等教育机构预算

一、高等教育机构的预算经执行校长提议,由理事会批准。

二、执行校长同高等教育机构院系和其他机构编制高等教育机构预算,经学术委员会同意,由理事会批准。

三、理事会应审查预算草案,批准并连同相关意见提交执行校长。

四、若执行校长同意理事会意见,则由理事会批准根据该意见修改的预算。

五、若执行校长不同意理事会的意见，则将第一稿连同学术委员会的意见和建议一起提交理事会批准。

六、在理事会多次拒绝预算导致执行校长权力被终止的情况下，预算应经新当选执行校长提议批准。

第二十七条　学院及院务委员会

一、学院是高等教育机构的基本构成单位。学院由教学、研究（教授办公室、研究所、实验室、诊所、专门项目等）和辅助部门（图书馆和其他）组成。

二、院务委员会是学院的代表机构，由学院的所有学术人员和学生代表组成，或者根据高等教育机构章程的规定由当选的学院学术人员和学生代表组成。

三、根据院务委员会章程规定，学生代表人数不得少于院务委员会总人数的四分之一。

第二十八条　院务委员会的职权

院务委员会应：

（一）确定学院预算并报执行校长批准；

（二）在自由平等选举的基础上，通过无记名投票，根据多数原则选出院长；

（三）根据院长的建议，制订并提交高等教育机构学术委员会批准的学院发展战略、教学和研究计划；

（四）根据院长的建议，确定学院组织机构及其章程并提交学术委员会批准；

（五）制定学位委员会章程并提交学术委员会批准；

（六）选举质量保障服务处负责人；

（七）行使格鲁吉亚法律和本法赋予的其他权力。

第二十九条　院长

一、学院理事会选举院长，任期由高等教育机构章程规定，不得超过四年。同一人可连续两届当选院长，但连任不得超过两届。根据法律和高等教育机构章程规定，学院理事会应以透明平等的原则，在注册开始前一个月和选举举行前两个月公布院长候选人的注册公告。

二、院长必须具有博士学位。

三、院长应当：

（一）确保教职员的教学和研究工作效率；

（二）向学院理事会提交学院发展战略和教学研究计划；

（三）制定学院组织机构和章程并提交学院理事会批准；

（四）在职权范围内负责执行学院理事会和学术委员会的决定；

（五）在职权范围内行使权力；

（六）主持学院理事会会议；

（七）负责根据本法和学校章程合理使用学院预算资金；

（八）行使格鲁吉亚法律和本法赋予的其他权力。

第三十条　学位委员会

一、学位委员会是由教师组成、授予博士学位的机构。

二、学位委员会的人员编制和主席选举程序由章程规定，章程应经院务委员会提议，由学术委员会批准。学位委员会由具有博士学位的全体教授和副教授组成。高等教育机构章程可以按规定邀请其他高等教育机构的教授或者副教授参加学位委员会。

三、学位委员会根据学术委员会的建议和院务委员会批准的章程开展工作，并授予本章程所述领域的博士学位。

四、高等教育机构可与研究机构联合开设博士课程。

第三十一条 学院质量保障服务组织

一、为确保对学院的学术和研究活动质量进行系统评估并提高人员素质，应根据学院的章程建立质量保障服务组织。

二、学院质量保障服务组织与外国同类机构紧密合作，以制定透明的质量监控标准。

三、院务委员会批准学院质量保障服务组织负责人。

四、学院质量保障服务组织通过引进现代化教学评估方法（模块、学分制等）来确保高质量教学，并形成自我评估认证程序。

五、具有博士学位的学院理事会成员，可为学院质量保障服务组织的成员。

第五章

具有公法法律实体地位的高等教育机构的工作人员

第三十二条　人员

高等教育机构应当设有学术职务、行政职务和辅助职务。

第三十三条　高等教育机构的学术人员

一、高等教育机构的学术人员由教授组成。

二、教授组织由教授、副教授、助理教授组成。

三、教授应参与并领导教学和研究。

四、教授的教学任务由学术委员会规定，经理事会批准。

第三十四条　学术职位规定

一、学术职位只能在公开的基础上，基于透明、平等和公平竞争的原则来聘任。

二、竞聘日期和条件应按照格鲁吉亚法律和高等教育机构章程规定的程序公布，且时间不得迟于报名前一个月和竞聘前两个月。

三、竞聘规则由学术委员会制定，高等教育机构理事会批准。

第三十五条　学术职位条件

一、应聘教授职位应具有博士学位，且至少六年的教学和研究经验；附加条件由学术委员会制定，并报高等教育机构理事会批准。

二、应聘副教授应具有博士学位；附加条件由学术委员会制定，并报高等教育机构理事会批准。

三、应聘助理教授职位应具有博士学位或是博士生在读。

四、对于艺术和体育高等教育机构的表演专业，聘任学术职位的条件应在公开竞争的基础上，由各高等教育机构学术委员会确定，经理事会批准，该过程需符合相关高等教育机构章程。

第三十六条　学术人员的雇佣关系

一、与学术人员的劳动合同，按照劳动法律规定的期限订立。

二、年满65周岁的不得在具有公法法律实体地位的高等教育机构中担任学术职务。

第三十七条　学术人员的权利

一、学术人员有权：

（一）依照本法和学校章程参与高等教育机构管理；

（二）开展教学、科研、创造性活动，不受干扰地发表科研成果；

（三）在课程计划内，独立确定教学内容、教学方法和手段；

（四）每五年可请一次带薪假用于研究和创作，以提升学历，但为期不超过一个学年；

（五）行使格鲁吉亚法律和本法赋予的其他权力。

二、学术人员的职责是：

（一）遵守高等教育机构章程的要求；

（二）遵守职业道德守则及纪律责任准则；

（三）履行劳动合同约定的职责；

（四）在职务晋升后，报告其所进行的工作和活动。

三、高等教育机构应当保障全体学术人员的教学和研究自由，为他们的工作创造适当的条件。

第三十八条 学术人员的解聘

学术人员可因下列原因被解聘：

（一）本人要求；

（二）劳动合同期满；

（三）严重违反道德规范和纪律规范；

（四）违反劳动合同约定；

（五）退休或荣誉退休；

（六）法律规定的其他情形。

第三十九条 学衔

一、为表彰有特殊贡献者，学术委员会可授予外国公民科学家、学者和社会人士荣誉博士称号。

二、凡年满65岁的教授均可被授予荣誉教授称号。

三、荣誉退休人员的薪金与国家养恤金之间的差额应由高等教育机构承担。同时，退休人员可以在没有任何学术或行政职位的情况下参加高等教育机构的教育和研究活动，并享受由机构预算支付的其他社会福利。

第四十条 行政职务及其他人员

一、高等教育行政机关由校长、执行校长、院长及其副职组成。

二、年满 65 周岁的人员，不得担任具有公法法律实体资格的高等教育机构的行政职务。

三、教师群体由教师和高级教师组成。

四、教师有权举办研讨会、实习和实验课。

五、辅助人员是高等教育机构所必需的，并且其名单应包括在该机构的薪资名册中。

第四十一条　行政人员的解聘

担任行政职务的人员可因下列理由被解聘：

（一）个人意愿；

（二）依据法院的有罪判决；

（三）死亡；

（四）法院判定其不能履行法律义务；

（五）年满 65 岁；

（六）本法第七十四条第三款规定的情形；

（七）被解聘学术职务的人员；

（八）高等教育机构章程规定的其他情形。

第四十二条　高等教育机构的职务冲突

一、担任行政职务的人员不得同时担任本高等教育机构的其他行政职务或其他机构负责人。

二、除校长外，学术委员会成员不得同时担任该高等教育机构的行政职务，也不得兼任理事会成员。

三、理事会会长不能同时在该高等教育机构担任行政职务。

四、法律和高等教育机构章程规定学术人员、教师和辅助人员三者不得兼任。

第六章

学 生

第四十三条　学生的权利

一、学生有权：

（一）接受优质教育；

（二）参与研究活动；

（三）按照高等教育机构章程、内部规章规定的程序，使用高等教育机构的物质技术设施、图书馆和信息资源等；

（四）获得关于高等教育机构活动的详尽资料，包括格鲁吉亚法律规定的财经活动；

（五）依照本法和高等教育机构章程，在直接平等普选的基础上，可选举或被选举为高等教育机构的学生自治机构成员和管理机构代表；

（六）根据自己的兴趣，自由地建立或参加学生组织；

（七）享有发表意见的自由；

（八）按照格鲁吉亚法律和高等教育机构章程的规定，在第二年转学到另一所高等教育机构的学生，政府资助资金随之转移；

（九）按照格鲁吉亚法律和高等教育机构章程的规定，学生可接受国家、高等教育机构或任何其他来源的助学金、财政或物质援助、其他福利；

(十) 选择课程；

(十一) 参与个人课程的开发；

(十二) 评估学术人员的工作；

(十三) 行使格鲁吉亚法律和本法赋予的其他权利。

二、博士研究生可被选为助理教授，以学生身份参加高等教育机构管理机构的选举。

三、依据法律、高等教育机构章程和有关教师章程，高等教育机构为残疾学生提供福利，为他们的教育创造必要条件。

四、除经学生许可或行政部门有维护他人安全及法律保障权利的合法利益外，学生的私人信息、观点、精神信仰和政治信仰以及对学生的惩戒措施等信息都是保密的。有关学生学业成绩和纪律处分的资料应单独保存。当保存有关学生的信息时，行政部门有责任遵守格鲁吉亚一般行政法规定的规则和程序。

五、禁止高等教育机构在行使职权和使用物质技术资源时审查或限制言论自由，但本条第七款规定的情形除外。

六、高等教育机构有义务保证对学生知识的公平评价，并制定相应的程序。

七、高等教育机构对学生的纪律处分应基于学生的不端行为，根据高等教育机构章程，遵循本法规定的程序和公平原则实施。高等教育机构有权制定学生的道德与行为规范，并具有解释权。

八、对学生的纪律处分不应限制学生参加学习过程的权利，但高等学校章程和内部规章中规定的情况除外，如这种行为危害他人的权利和健康、他人的安全和高等教育机构的财产。学生的纪律处分由院务委员会决定，学生有权诉讼。

九、受纪律处分的学生有下列权利：

（一）得到纪律处分的书面证明；

（二）参加违纪调查并进行辩护；

（三）向理事会提供他所掌握的证据及资料；

（四）参与审查院务委员会获得的证据；

（五）要求就其纪律检控举行公开听证。

十、在纪律处分程序中，投诉人负有举证责任。有关纪律处分的决议根据格鲁吉亚法律、高等教育机构章程和内部规章所规定的证据加以证明。学院理事会应审查作为纪律处分依据的所有证据。

十一、学生有权向法院提出上诉。

十二、学生的身份在完成有关课程或高等教育机构章程规定的其他情形下终止。

第四十四条　学生的责任

学生有义务按照高等教育机构章程和内部规章，学习高等教育机构计划规定的必修课程。

第四十五条　学生自治组织的权利

一、高等教育机构实行学生自治制度，按学院开展普遍、平等、直接选举。

二、各个学院的自治组织共同组成高等教育机构的自治组织，并负责制定学生自治组织章程。

三、根据章程，学生自治组织应：

（一）确保学生参与高等教育机构管理；

（二）促进学生权利保护；

（三）选举院务委员会代表；

（四）有权向院务委员会、理事会和学术委员会就改进学院或高等教育机构的管理制度和教学质量提出建议；

（五）行使章程规定的其他权利。

四、高等教育机构的行政管理不得干预学生自治组织的活动。

第七章

高等教育层级

第四十六条　高等教育层级的类型

一、高等教育机构提供一、二、三级教育。

二、三级高等教育由以下三个层级组成。

（一）学士课程：不少于三年且不多于四年的教育课程。

（二）硕士课程：不少于两年的教育课程。

（三）博士课程：不少于三年的教育课程。

三、达到每一教育层级后，应颁发相关文凭和标准成绩单。

四、未完成或不能完成上述任一层级的人，可获得相应毕业证明。

第四十七条　专业课程

一、专业课程是为期三至五年（医学教育为五至六年）的单一层级的高等教育课程，其目的是为职业做准备。

二、如果专业人员积累了相关专业学士学位所必需的总学分，则有权继续攻读硕士学位。

第四十八条　学士及硕士课程

一、只有持有完整普通教育国家证书或同等学力的人，才有权攻读学士学位。

二、原文缺失。

三、攻读学士学位的目的，除了接受比普通教育更高水平的专业准备外，还在于获得学科理论方面更深层次的知识，这些知识需要通过研究为进一步攻读硕士学位做准备。

四、学士或具有同等学力的专业人士可以参加硕士课程。

五、修读硕士课程的目的如下：

（一）为高等教育机构的研究工作和教学活动做准备；

（二）改变专业；

（三）提升质量。

六、硕士课程不仅包括教学，还包括艺术和体育高等教育机构的表演专业；它必须包括学生的独立研究，这将大大提高学生的知识水平，并作为研究工作的基础。

七、在医学领域（包括兽医学）完成六年课程后被授予合格证书的专业人员，其学位相当于硕士学位。

第四十九条　博士课程

一、持有硕士或同等学力的人可以参加博士课程。

二、高等教育机构应当为博士研究生配备研究导师，为开展与研究有关的工作创造有利条件，包括理论或实验成果，促进博士研究生融入世界研究共同体。

三、完成博士课程并成功答辩后，授予博士学位。

四、博士学位应由高等教育机构院系的学位委员会按照有关法律规定授予。

五、授予博士学位的程序应依照高等教育机构学术委员会批准的学位委员会章程。

第五十条　国外教育证书的认可

一、若国外高等教育机构的课程与格鲁吉亚高等教育机构的课程相兼容，则予以认可。

二、对国外颁发的教育资格证书的正式认证（承认）以及对格鲁吉亚颁发的教育资格证书的等价性和真实性的确定，由国家学术认证信息中心负责。该中心是欧洲网络的一部分，认证程序由该中心与国外相关高等教育机构的服务机构核实后，按照国际条约、双边或多边协定、格鲁吉亚法律的适当规定进行。一旦证书得到认证，在继续学习或就业时应予以同等对待。

第八章

高等教育机构入学

第五十一条　国家考试中心

一、国家考试中心是发展和管理全国高等教育机构招生考试制度的公法法律实体。

二、国家考试中心章程由格鲁吉亚教育与科学部部长批准。

三、国家考试中心主任由格鲁吉亚教育与科学部部长提名，由格鲁吉亚总理任命。

四、由国家考试中心进行的统一考试的结果对获得认证的高等教育机构具有强制性，并且是格鲁吉亚公民获得高等教育补助金的依据。每个公民都可以出示相关证明表示其接受过完整普通教育。

第五十二条　学生进入被认证高等教育机构的依据

一、只有通过全国统一考试的学生，才可以根据考试成绩排名，进入经国家认证的高等教育机构就读国家认证课程。

二、接受艺术、体育高等教育，应当按照艺术、体育高等教育机构规定的程序，参加全国统一考试前的有关测试。

三、依照国家相关法律，为鼓励外国公民和无国籍人士流动，其享有获得高等教育的权利。

四、根据国家考试中心的建议，格鲁吉亚教育与科学部应确定格鲁吉亚公民受教育的要求。在本国接受了中等或同等学历教育并希望获得高等教育权利的格鲁吉亚公民，在经国家认证的高等教育机构报名参加考试即可。

五、在学年开始时，有意愿、有权利或有义务参加统一考试的高等教育机构应公布各科考试成绩系数。通过考试的学生，应按各院校在学年开始时就各科目规定的系数录取。

六、在高等教育机构认证后，确定的入学人数限制内可以为外国公民保留一定名额，但不得超过录取人数的5%。

七、根据国际协议与互惠原则，通过格鲁吉亚教育与科学部规定的特殊国家项目，向外国公民提供国家教育补助金，数额不得超过每年国家教育补助金的2%。

八、根据格鲁吉亚教育与科学部的提议，格鲁吉亚政府有权每年在国家教育补助金拨款6%的限度内，确定在国家优先专业入学的学生以及通过社会计划获得资助的学生的条件和资金数额。

九、国家考试中心根据各学院在学年初公布的考试系数对参加考试的考生进行排名，并将排名结果发送给相关学院。

十、高等教育机构和教师有义务仅根据本条第九款界定的名单接纳入学者。

第五十三条 国家统一考试

一、国家考试中心负责国家统一考试的准备和举办。

二、国家统一考试的举办办法和国家教育经费的拨付办法，由格鲁吉亚教育与科学部部长根据国家考试中心的建议批准。

三、愿意参加国家统一考试的学生，应当向考试中心提出申请，并注明愿意继续学习的高等教育机构、学院和专业。

四、参加国家统一考试，应当持有国家统一的普通中等教育证明文件。

五、在国外接受中等教育的人员参加国家考试的程序，由国家考试中心规定，并由格鲁吉亚教育与科学部批准。

六、国家统一考试方案由考试中心设计，经格鲁吉亚教育与科学部部长批准。

七、考生须缴付考试费用。格鲁吉亚教育与科学部部长应根据考试中心的建议批准费用数额和减免条件。

第五十四条　授予国家教育补助金

一、国家考试中心根据国家统一考试的结果，拟定授予国家教育经费的项目，报格鲁吉亚教育与科学部批准。

二、国家教育经费按照国家统一考试成绩总和发放。

三、除国家教育补助金获得者名单外，授予补助金的项目草案还应包括所有通过国家统一考试学生的名次，按所获成绩总和计算。

第五十五条　国家统一考试证书

一、参加国家统一考试，发放国家统一考试证书，并注明该证书持有人所取得的成绩。

二、国家统一考试合格证书应当在发给学院的名单上注明是否获得国家教育经费和名次。申请人须将证书交予他已获得入学资格的学院。

三、自考试之日起满两年仍未升入高等学校的，该证书失效。

第五十六条　硕士研究生和博士研究生招生

硕士研究生、博士研究生的招生程序由高等教育机构有关学院的章程规定。

第九章

高等教育机构许可证

第五十七条　高等教育机构许可证

私立高等学校的办学许可，依照本法和格鲁吉亚颁发营业执照和许可证的一般程序办理。

第五十八条　高等教育机构许可证的获得

高等教育机构获得许可证，应向教育与科学部提交下列文件：
（一）高等教育机构章程；
（二）教育计划和课程；
（三）确认学术人员的人数和证明其资格的文件；
（四）维持教育进程所需的费用；
（五）材料和技术资源资料；
（六）有关工作场所安全及卫生条件的资料；
（七）在申请许可证时，银行机构出具的关于许可证申请人账户资金（股本）实际数额的证明。

第五十九条　许可证授予期限

许可证颁发人应当自提交本法第五十八条规定的全部文件之日起，

在三个月内做出授予或者不授予的决定。

第六十条　拒发许可证

一、有下列情形之一的，拒发许可证：

（一）许可证申请人提交的文件、技术资料和其他资源不符合法律规定；

（二）申请人原有的许可证已被中止，其记录尚未被消除。

二、不得以限制发放许可证数量为由拒绝发放许可证。

第六十一条　中止许可证

一、如果许可证持有人不符合法律规定的许可条件，由发证机关做出中止许可证的决定。

二、许可证签发人应当在其中止决定中载明，符合条件者，准予续期。

三、若许可证持有人在许可证被中止的三个月内，符合本条第二款规定的条件，则准予续期。

第六十二条　吊销许可证

一、吊销许可证的情况如下：

（一）应许可证持有人要求；

（二）许可证持有人遇有清算；

（三）中止期限届满，在此期间中止记录并未被消除。

二、许可证签发人应当自收到有关声明或资料之日起，在三日内或者在本条第一款第（三）项规定的期限届满内，做出吊销许可证的决定。

第十章

认证程序

第六十三条　国家教育机构认证服务

一、为保证高等教育机构及其专业与国际标准和程序相适应，国家应实行教育机构认证。除经认证的教育机构颁发的毕业证书外，国家不承认其他毕业证书。

二、为确保国家认证程序的实施，格鲁吉亚教育与科学部应当设立公法下的法律实体——国家教育机构认证服务机构（以下简称国家认证服务机构）。

三、国家认证服务机构应根据本法和格鲁吉亚教育与科学部批准的法规独立开展工作。

四、国家认证服务机构对高等教育机构进行认证，监督其对认证条件的遵守情况，对违反认证条件的，有权吊销该认证。

五、国家认证机构负责人由格鲁吉亚总理任免。

六、为确保质量控制，具有公法法律实体地位的高等教育机构有权共同建立私法法律实体，国家认证服务机构可以在对高等教育机构进行认证的过程中对该私法法律实体进行评估。

第六十四条 成立专家组

一、对于每一认证案件，国家认证服务机构应任命一名专家组组长，其候选资格应与申请认证方达成协议。协议程序由国家认证服务机构章程规定。

二、专家组组长应当提名专家组成员。格鲁吉亚公民以及任何其他国家的公民或无国籍人士，均可被提名为专家组成员。

三、所有专家组成员的候选人必须与申请认证方协商一致。协商程序由国家认证服务机构章程规定。

四、在未与申请认证方达成协议的情况下，如果满足以下条件，则由国家认证服务机构负责人批准成立专家组：

（一）公法法律实体机构需要被认证；

（二）课程需要被认证。

第六十五条 专家组

一、认证的前提是申请认证方需按照国家认证服务机构事先规定的形式进行评估。

二、专家组应当在工作完成后一周内向国家认证服务机构提交认证结论。

三、国家认证服务机构根据专家组的研究结论，发布本法第六十六条要求的评价报告。

第六十六条 认证决议

一、高等教育机构的认证决议，应当以国家认证服务机构负责人单独报告的形式做出，在教育与科学部的教育机构进行登记，并依照法律规定的程序予以公布。

二、高等教育机构认证的决议可分为以下四类：

（一）授予认证；

（二）拒绝认证；

（三）有条件地授予认证；

（四）吊销认证。

三、若是有条件的认证，须满足有关要求的指标。

四、除有特别规定的认证外，授予高等教育机构的认证期限不得超过五年。

五、如遇特别规定的认证，认证办法同本条第一款，下一次认证不得迟于两年之内进行。

第十一章

高等教育机构资格和专业资格认证

第六十七条　认证类型

一、高等教育机构实行学校认证和专业认证两种认证方式。

二、国家认证程序由国家认证服务机构依照本法制定，并经格鲁吉亚教育与科学部部长批准。

第六十八条　机构认证

一、机构认证可审查高等教育机构的地位（获得国家承认的证书授予权）是否符合国家规定的物质、财政和人力资源标准。

二、具有公法法律实体地位的高等教育机构，必须强制实行国家机构认证。

第六十九条　为获得机构认证而需提交的文件

机构认证申请人应当向国家认证服务机构提交以下文件：

（一）维持教育过程所需财务费用的初步估算文件；

（二）学科目录；

（三）教学计划；

（四）学术人员资料（教授人数及学历证明文件）；

（五）材料和技术资源资料；

（六）有关工作场所安全及卫生条件的资料。

第七十条　机构定期认证

具有公法法律实体地位的高等教育机构获得认证后，有义务在认证文件规定的期限内，进行下一次机构认证。

第七十一条　专业认证

一、专业认证审查高等教育机构的专业地位（授予国家承认证书的权利）是否符合下列标准：

（一）教育目的和目标的可行性，与教学大纲的兼容性以及教学大纲的设计原则；

（二）教学方法和组织，评估专业学习是否充分；

（三）学生学业成就；

（四）学习资源；

（五）教学质量的潜力。

二、机构认证是专业认证的前提。

三、无论其组织/法律地位如何，任何高等教育机构的专业都可以获得国家专业认证。

四、应根据对高等教育机构专业的评估，颁发国家专业认证证书。

第七十二条　吊销专业认证

一、以下情况，需吊销国家专业认证资格：

（一）吊销许可证时；

（二）吊销机构认证时；

（三）出现认证章程规定的情况时。

二、在吊销机构认证的情况下，高等教育机构可以自吊销决定之日起一年内，向国家认证服务机构申请对其专业进行新的认证。

三、如果后续认证撤销了专业认证，高等教育机构须立即与教育与科学部、经济发展部、财政部协商解决已注册学生的身份和未来运作事宜。

第七十三条　认证技术准备

一、除本法规定的情形外，国家认证费用包括专家组成员的报酬由高等教育机构承担。

二、国家认证服务机构有义务为高等教育机构提供有关认证的法律援助。国家认证服务机构应当每年就认证问题提出建议。

第七十四条　认证的法律后果

一、国家只承认通过认证的专业授予的学历和学位证书。

二、国家教育科研经费只拨给通过认证的教育机构和专业。

三、如果具有公法法律实体地位的高等教育机构连续两次未通过认证，将导致该高校管理机构和行政管理人员被解雇，该机构被重组或清算。

四、在本条第三款规定的情况下，格鲁吉亚教育与科学部部长有权任命一名临时代表，负责协调该机构当前事务，并就后续工作开展和学生转学问题提出建议。

第十二章

正规专业

第七十五条　正规专业

一、正规专业受有关法律的约束。

二、正规专业包括：

（一）法律；

（二）医学（包括兽医学）；

（三）教育学。

三、正规专业和设有此类专业的高等教育机构的认证程序由国家认证服务机构规定，并经教育与科学部批准。

第七十六条　正规职业

一、参与国家认证的职业应在格鲁吉亚法律范围内。

二、法定职业资格考试的程序和条件由相关法律规定。

第七十七条　正规专业认证

一、国家认证服务机构与法律规定的专业协会合作，制定正规专业认证条件并提交至格鲁吉亚教育与科学部部长。

二、如果在相关研究领域内没有合法成立的专业协会，则国家认证服务机构应与有关组织合作，制定正规专业认证条件。

三、正规专业的后续认证，应在原认证后每五年进行一次。

四、为对正规专业进行认证，国家认证服务机构应做出本法第六十六条第二款规定的决定。

第十三章

高等教育机构的活动类型和经费来源

第七十八条　高等教育机构的经济活动

根据法律规定，非营利性法人高等教育机构可以从事法律允许的其他经济活动。

第七十九条　高等教育机构经费

一、国家对高等教育机构的资助，应当以教学、科研、培训、再培训和提高高等教育机构人员素质为重点。

二、高等教育机构的经费来源如下：

（一）国家教育资助基金资助的学费；

（二）通过私人捐赠或遗嘱获得的资金；

（三）国家根据竞争授予的研究经费；

（四）国家重点扶持的高等学校专业招生专项预算；

（五）由有关领域的部委分配的方案资金；

（六）法律允许的其他任何收入来源，包括经济活动收入。

第八十条　通过国家教育拨款资助高等教育机构

一、依照本法在高等教育机构就读的格鲁吉亚公民,有资格享受国家教育补助。

二、根据国际协议和互惠原则,格鲁吉亚教育与科学部有一项特殊计划,即可以在国家教育补助年度资金的2%范围内向外国公民提供国家教育补助金。

三、任何人在每个学习阶段都只能接受一次国家教育补助。

四、国家应仅在国家教育补助金的范围内,支付私法法律实体高等教育机构的学费。

第八十一条　国家教育补助金额

一、具有公法法律实体地位的高等教育机构已认证专业的学费,由高等教育机构规定。

二、国家对具有公法法律实体地位的高等教育机构已认证专业的全额学费补助,由格鲁吉亚政府规定。

三、如果具有私法法律实体地位的高等教育机构已认证专业的费用高于国家教育补助金额,则该高等教育机构有权设定额外费用,该费用应由国家政府以外的机构支付。

四、如果具有私法法律实体地位的高等教育机构已认证专业的费用少于国家教育补助金额,则国家补助应与该专业的费用相等。

五、高等学校同一专业的学费不应当有差别。

六、如果持有国家教育补助金的学生转学到其他高等教育机构,则国家应在高等教育补助金的最大额度内支付给该高等教育机构补助金。

七、通过艺术和体育高等教育机构设立的测试和全国统一考试,并获得国家教育补助金的人,至少应从该高等教育机构的预算中以津贴的形式获得补助金的一半。

第八十二条 高等教育机构与国家补助金颁发机构的关系

一、每学年初或 1 月 1 日前，国家向高等学校拨付的经费数额应当与该学校已获得国家教育补助的学生人数相符。

二、在下一学年之前，高等教育机构有义务将所有获得国家教育补助但因某种原因终止或推迟学业的所有学生名单提交至教育与科学部。

第八十三条 国家科研补助金

一、研究经费将按照格鲁吉亚教育与科学部制定的程序，在竞争的基础上授予高等教育机构单位。

二、国家科研补助金和国家教育补助金不得用于资助其他活动。

三、根据格鲁吉亚教育与科学部在国家专项计划中确定的优先事项，国家对硕士和博士学位的资助由国家研究资助基金提供。

第十四章

具有公法法律实体地位的高等教育机构的财产

第八十四条　具有公法法律实体地位的高等教育机构的财产

具有公法法律实体地位的高等教育机构的财产包括国家、法人和个人转让给它的财产以及该高等教育机构使用自有资金取得的财产。

第八十五条　具有公法法律实体地位的高等教育机构的财产使用

一、取得、转让或租赁属于公法法律实体地位的高等教育机构的全部或部分房产以及其他财产，如果不在教育和研究活动范围之内，则必须由高等教育机构理事会根据法律规定的程序，在教育与科学部和财政部的同意下做出决定。

第八十六条　国家转让给具有公法法律实体地位的高等教育机构的财产

一、具有公法法律实体地位的高等教育机构设立后，国家应以无偿使用的形式转让有关财产。

二、转让财产清单需附在高等教育机构设立条例后。

三、转让财产清单应当载明：

（一）财产目录；

（二）审计结果。

四、具有公法法律实体地位的高等教育机构被清算后，其财产应按照法律规定全部归还国家。

第十五章

过渡规定

第八十七条　高等教育机构的管理

一、本法施行前，依照有关总统令设立的具有公法法律实体地位的高等教育机构具有合法性。

二、本法的生效将导致具有公法法律实体地位的高等学校的校长和学院院长自动解职。校长的解职依据总统令，格鲁吉亚总统有权将校长职责分配给已解职校长或另外指定教授担任代理校长。格鲁吉亚总统有权提前终止代理校长的权力。学院院长的解职依据代理校长的意见，代理校长有权将院长职责分配给已解职院长或另外指定人选。

三、在本法生效后两年内，具有公法法律实体地位的高等教育机构管理机构应按教育与科学部规定的程序举行第一次选举。

四、根据法律规定，具有公法法律实体地位的高等教育机构应在管理者第一次选举后的六个月内向格鲁吉亚教育与科学部提交与该法有关的新章程，以供批准。

五、第一届学术委员会选举产生后，立即通过抽签确定其中三分之一的委员任期为一半。

六、根据本法第二十二条第三款、第二十三条第四款、第二十九条第一款所指的任期，连续两个任期在高等教育机构中担任校长、执行校长和院长职务的人选，包括担任代理校长或代理院长职务的人，其任期可连续计算。

七、高等教育机构应当全面从事本法规定的教育活动，至迟在2007~2008学年初提供有关学位。

八、为实施本法规定的专业，高等教育机构应当在2009~2010学年开始前建立欧洲学分转换制度。

第八十八条 高等教育机构的地位和经费

一、格鲁吉亚教育与科学部应在2006~2007学年开始前开展机构认证，在此之前根据1998年7月20日发布的第418号总统令关于批准教育机构鉴定委员会章程及其人员组成的规定获得认证的高等教育机构视为符合认证。在2006~2007学年开始前，格鲁吉亚教育与科学部应审查不参加本节规定机构认证的具有私法法律实体地位的高等教育机构的许可条件。

二、从2007~2008学年开始，教育与科学部应采取相关措施，对具有公法法律实体资格并已获得机构认证的高等教育机构进行专业认证。

三、在进行高等教育机构专业认证之前，但不迟于2010~2011学年之初，具有公法法律实体地位的高等教育机构和具有私法法律实体地位的持证机构的所有专业，只要获得机构认证就应被视为通过认证。

四、本法规定的高等学校首次机构认证的费用，由国家承担。

五、具有私法法律实体地位的高等教育机构，应承担执照费用和后续费用，但不承担首次机构认证费用。

六、政府应确保从2005~2006学年开始，逐步推行本法规定的高等教育经费制度。

七、实施高等教育机构专业认定前，国家资金可以拨付已取得机构认定资格的高等教育机构，但不得迟于2010~2011学年初拨付。

八、政府应规定2005~2006、2006~2007和2007~2008学年度国家教育补助金的最低、平均和最高数额。具有公法法律实体资格的高等教育机构应当按照政府规定的2005~2006、2006~2007和2007~2008学年度的国家教育拨款数额，确定专业费用。

九、在2007~2008学年开始前，格鲁吉亚议会和政府应准备法律修正案草案，赋予高等教育机构非营利法人的新地位。

十、在2007年1月1日前，格鲁吉亚教育与科学部将制定新的硕士和博士专业资助办法。

十一、本法规定的硕士、博士专业资助办法，自招生之日起施行。

十二、在2007~2008学年开始前，具有公法法律实体地位的高等教育机构，应向格鲁吉亚教育与科学部提出有关建立分支机构的建议。

第八十九条　国家考试中心、国家认证服务机构和专业兼容性

一、格鲁吉亚教育与科学部应于2006~2007学年度开学前，批准国家考试中心和国家高等教育机构认证服务机构的法规。

二、在2007~2008学年开始前，格鲁吉亚政府应确保国家认证服务机构开展工作。

三、国家考试中心设立前的职能，应由教育与科学部以及作为公法法律实体的国家评估和考试中心执行。

四、在2005~2006学年，教育与科学部应在该学年举行语言和文学、通用能力、外语（英语、德语、法语或俄语）和数学的全国统一考试，2006~2007学年组织其他学科的考试。考试的程序及其选修或必修状态由格鲁吉亚教育与科学部依照法律规定。

五、格鲁吉亚教育与科学部在设立高等教育机构国家认证服务机构

前，应当保证其职能的履行。

六、高等教育机构实施专业认证前，国家考试中心进行的全国统一考试的成绩应适用于持有该机构认证的高等教育机构，但不得晚于 2010~2011 学年开始之时。在此之前，格鲁吉亚教育与科学部应确保对高等教育机构进行项目认证。

七、截至 2006~2007 学年，高等教育机构应当继续提供不少于两年的硕士课程。

八、在本法施行前完成大学学业并获得高等教育文凭的学位等同于学士学位，完成学业且修业多于五年并获得文凭的学位等同于硕士学位。

九、在本法施行前取得的副博士学位①相当于博士学位。

十、本条第九款适用于在本法规定的学位答辩委员会成立之前（但不得迟于 2006 年 12 月 31 日）成为或将成为博士候选人②（学位申请者③）并获得副博士学位的人员。

十一、在 2006~2007 学年开始之前，具有公法法律实体资格的高等教育机构应确保将其教授、教师和研究人员调配至学术岗位。

十二、在 2006~2007 学年开始前，教育与科学部应确保通过本法第七条第一款第（六）、（七）、（九）、（十三）、（十四）项规定的行为。

十三、如果本法规定与格鲁吉亚其他教育法规定有差异，则以本法规定为准。

---

① 该学位从苏联引进，在完成第二层次高等教育后授予。
② 在高等教育机构注册攻读研究生课程并准备学位论文答辩的人。
③ 不攻读研究生课程，但正准备答辩的人。

第十六章

附 则

第九十条　法律生效

一、本法第三十六条第二款，第三十八条第五款，第三十九条规定的年龄限制，自 2009~2010 学年初起施行。

二、本法第八十一条第一款自 2008~2009 学年度开学时施行。

三、本法自公布之日起施行。

格鲁吉亚总统

米哈伊尔·萨卡什维利

2004 年 12 月 21 日

第三编　格鲁吉亚职业教育与培训法

第一章

总则

第一条　本法目的

本法目的是界定职业教育与培训的作用和角色，并在本国形成符合迅速、不断变化的劳动力市场要求的职业教育制度。

第二条　本法范围

本法确定了在格鲁吉亚开展职业教育活动的条件，并界定了职业教育的类型、水平和筹资原则。

第三条　职业教育与培训的法律依据

在职业教育与培训的范围内，格鲁吉亚的法律以格鲁吉亚宪法、格鲁吉亚国际协定和条约、本法和其他规范性法案为依据。

第四条　术语定义

本法中使用的术语具有以下含义：

一、认证：确定职业教育与培训机构的课程是否符合认证标准的程序，以支持教育质量保证机制的发展。该法规定的某些课程的执行以及国家财政的资助与该程序有关。

（一）授权：获得职业教育与培训机构地位的程序，以达到执行相关活动所需的标准，发布国家认可的教育认证文件。

二、非正规职业教育：独立于职业教育与培训机构的人所接受的职业教育。

（一）专科学历：掌握通识教育课程和职业教育后授予的资格。

（二）专业测试：确定一个人是否具有在国家建立的职业教育与培训机构学习职业教育与培训课程的资格。

三、已删除。

四、已删除。

五、已删除。

六、国家资格框架：该框架列出了格鲁吉亚现有的所有资格，包括职业教育与培训资格和特殊职业教育与培训资格。

七、已删除。

八、已删除。

九、职业能力：具有经职业教育与培训机构颁发的职业文凭认证的专业知识和技能。

十、已删除。

十一、已删除。

十二、学分：职业教育与培训学生在完成一定学业后获得的学习量的单位。

（一）通识教育课程：针对不同领域的知识、技能和价值观发展的课程。该课程是在与高等教育机构签署备忘录的基础上实施的，并最终授予专科学历。

（二）中等普通教育预备课程：根据国家课程规定，该课程旨在培养中等普通教育学生的知识、技能和价值观，并为接收完整中等普通教育的人提供证明文件。

十三、已删除。

十四、已删除。

（一）已删除。

十五、已删除。

十六、已删除。

十七、已删除。

十八、已删除。

十九、职业标准：确定适当的职业资格、专业知识和技能以及特定职业附加要求的文件。

（一）职业教育与培训课程框架文件：获得职业资格所需的基本文件，包括学分数量、学习成果、学习模块、学习课程的先决条件和课程实施的先决条件以及教学方法和评估体系清单。

（二）模块：一个独立且有连贯性的教学单元，旨在达成学习目标。该模块确定了培训课程与学习目标之间的关系以及关于职业学生培训和评价组织的相关知识。

二十、职业学生：在职业教育和培训专业就学的人。

（一）职业学院：职业教育与培训机构（仅实施前三个级别的职业教育与培训课程）。

（二）职业教育与培训课程：旨在发展实用知识和技能的课程，完成后可获发相应的职业资格。该课程提供了获得职业资格所需的一系列培训课程，包含课程目标、学习成效、学生学分、教学方法及评核形式。

二十一、职业教育与培训机构：职业学院或社区学院。

二十二、职业教育与培训资格框架：国家资格框架组成文件（对格鲁吉亚职业教育与培训相关的所有资格进行系统认证）。

二十三、正规职业：从业人员必须接受法律规定的正规教育，并通过相应认证考试的职业。

（一）社区学院：职业教育与培训机构，除开办职业教育与培训课程外，也开办普通中学预科或通识教育课程，并有权开办格鲁吉亚语课程。

二十四、已删除。

二十五、已删除。

二十六、已删除。

（一）已删除。

（二）已删除。

（三）已删除。

（四）已删除。

（五）专家：已获可证明职业教育与培训资格等级文凭的人。

（六）特殊职业教育：旨在培训格鲁吉亚内务部、格鲁吉亚国家安全局或格鲁吉亚应急反应部队专业工作人员的教育。

1. 格鲁吉亚语课程：旨在使非格鲁吉亚语使用者掌握职业教育与培训课程所需的格鲁吉亚语知识和相应技能的课程。

（七）已删除。

第五条 职业教育与培训目标

格鲁吉亚职业教育的目标如下：

一、满足人终身多层次、多样化学习的需要；

二、支持专业发展；

三、确保提供面向劳动力市场、具有竞争力且合格的人力资源；

四、支持就业，包括创业和自主就业；

五、在职业教育领域建立学习-创业伙伴关系制度，并支持相关领域的雇主参与专业的规划和实施。

第六条　已删除

第七条　职业教育与培训权

一、完成基本中等普通教育、通过专业测试、符合职业标准规定的其他条件的人可接受职业教育与培训，包括从事职业需要的知识、技能、价值观等。

二、为确保职业教育与培训权的实施，职业教育与培训机构、雇主和学生应当就接受职业教育的机会、今后职业活动和就业条件等进行协商。

第二章

职业教育与培训的类型及层级

第八条　职业教育与培训类型

职业教育与培训分为正式和非正式两种类型。

第九条　正式职业教育与培训

一、正式职业教育与培训应在职业教育与培训机构接受。职业教育与培训课程须包括理论研究课程、训练或实践培训,且获得职业教育与培训文凭,以证明相应层次的职业教育与培训资格。

二、特殊职业教育与培训机构的地位由法律规定,接受特殊职业教育与培训的程序由相关法律确定。

第十条　非正式职业教育与培训

一、国家对非正式职业教育与培训的认可应按格鲁吉亚法律规定的方式进行,旨在检验接受知识、技能和价值观。

二、非正式职业教育与培训不可授予四级和五级职业教育与培训资格。

第十条[1] **职业教育与培训层级**

一、职业教育与培训根据学习成绩分为五个等级：

（一）具有一级资格的人员应具备在统一指导下履行职责的能力；

（二）具有二级资格的人员应具备一定的独立履行职责的能力；

（三）具有三级资格的人员应具备在不同情况下采取充分措施解决新兴问题的能力；

（四）具有四级资格的人员应具备运用专业知识解决不断变化的环境中出现的新问题的能力，同时具备指导他人的工作并对已完成的工作承担一定的评估和改进责任的能力；

（五）具有五级资格的人员应具备制订工作计划和管理他人工作并对已完成的工作承担评估和改进责任的能力。

二、完成职业教育与培训层级后将获得相应的职业文凭。

三、已删除。

四、具体的职业教育与培训层级由职业标准确定，职业标准包括本条第一款所规定的一个、几个或全部职业教育与培训层级。

五、每一职业教育与培训层级的专业应按格鲁吉亚教育与科学部规定的方式根据学分计算。

第十一条 已删除

第十二条 特定职业

一、特定职业为国家规定的涉及人类健康、个人发展和社会利益的高风险职业。

二、特定职业应符合职业教育与培训资格和要求，名单由格鲁吉亚政府依据格鲁吉亚教育与科学部的意见和建议确定。

第十二条[1]　职业教育与培训教师

一、职业教育与培训教师可以是持有职业教育四级或五级资格，或在相关职业中至少有三年工作经验的高等教育毕业生。

二、持有四级资格的职业教育与培训教师，无权教授五级学生的课程。

三、其他要求可由相关的职业标准确定。

第三章

职业教育与培训的管理

第十三条　职业教育与培训系统管理机构

一、职业教育与培训系统管理机构如下。

（一）格鲁吉亚政府。

（二）格鲁吉亚教育与科学部。

1. 格鲁吉亚文化与古迹保护部和格鲁吉亚体育与青年事务部。

（三）已删除。

（四）经教育部门授权的阿布哈兹自治共和国和阿扎尔自治共和国的各部门。

（五）地方自治机构。

（六）已删除。

（七）国家教育质量促进中心。

（八）已删除。

（九）国家教师专业发展中心。

二、职业教育与培训系统管理机构应当根据学习-创业合作原则开展职业教育领域的活动。这一原则意味着与雇主、专业协会和教育机构合作，旨在发展本国的职业教育与培训。

第十四条　格鲁吉亚政府

在职业教育与培训领域，格鲁吉亚政府应：

一、制定国家政策。

二、界定特定职业的种类、取得从事这些职业所需的条件以及履行这些条件的程序。

三、明确为特定职业举办认证考试的机构。

四、决定由国家举办的实施职业教育与培训机构的专业收费的方式、条件和最高限额。

五、已删除。

六、已删除。

第十五条　格鲁吉亚教育与科学部

在职业教育与培训领域，格鲁吉亚教育与科学部应：

一、制定国家政策。

二、批准根据公法设立的职业教育与培训机构的地位和章程，实施国家管理、重组和清算，任免职业教育与培训机构的负责人。

三、根据私法确立职业教育与培训机构非商业性实体的合法地位。

四、根据国家教育质量促进中心的建议，批准教育机构授权和专业认证条款。

五、已删除。

六、确定认证国外职业教育的条件和程序。

七、确定认证非正式职业教育的条件和程序。

八、已删除。

九、已删除。

十、已删除。

十一、已删除。

十二、批准职业教育与培训机构出具的国家职业教育认证文件模板。

十三、已删除。

十四、已删除。

十五、根据国家教师专业发展中心的建议,批准职业教育与培训教师的职业道德守则。

十六、已删除。

十七、已删除。

十八、确定职业教育与培训专业的学分计算方式。

十九、批准职业教育考试的规则。

(一)在职业考试方面,被授权制定不同于格鲁吉亚一般行政法规定的提交和受理行政诉讼的规则和期限。

二十、已删除。

二十一、行使格鲁吉亚法律所规定的其他权力。

二十二、已删除。

二十三、已删除。

二十四、已删除。

二十五、已删除。

二十六、已删除。

(一)已删除。

(二)已删除。

第十五条[1] 格鲁吉亚文化与古迹保护部和格鲁吉亚体育与青年事务部

在艺术创作和体育职业教育与培训领域,格鲁吉亚文化与古迹保护部或格鲁吉亚体育与青年事务部应：

一、批准根据公法设立的职业教育与培训机构的地位和章程，实施国家管理、重组和清算，任免职业教育与培训机构的负责人；

二、根据私法确立职业教育与培训机构非商业性实体的合法地位；

三、行使格鲁吉亚法律所规定的其他权力。

第十六条　已删除

第十七条　阿布哈兹自治共和国和阿扎尔自治共和国教育领域的各相关部门

阿布哈兹自治共和国和阿扎尔自治共和国教育领域的各相关部门应：

一、支持在各自治共和国境内实施统一的职业教育国家政策；

二、根据私法确立职业教育与培训机构非商业性实体的合法地位。

第十八条　地方自治政府机构

在职业教育与培训领域，地方自治政府机构应：

一、支持职业教育与培训机构的活动，资助职业教育与培训机构；

二、参与公法法律实体职业教育与培训机构的管理；

三、根据私法确立职业教育与培训机构非商业性实体的合法地位；

四、行使格鲁吉亚法律所规定的其他权力。

第十九条　已删除

第二十条　职业协会

一、职业协会应促进职业发展。

二、职业协会应：

（一）从职业资格框架中起草关于增加、删除和更改职业资格的建议，并提交格鲁吉亚教育与科学部；

（二）已删除；

（三）起草关于职业标准的提案，并提交国家教育质量促进中心；

（四）已删除；

（五）支持提高职业教育机构的教育质量，并改善劳动力市场需求与专业之间的关系；

（六）按照格鲁吉亚法律规定的程序和范例，对各职业进行国家认证考试；

（七）已删除；

（八）行使格鲁吉亚法律所规定的其他权力。

第二十条[1]　职业教育与培训机构的授权和认证

一、经授权的职业教育与培训机构有权颁发职业资格证书。

（一）为确保职业教育与培训机构的授权，国家教育质量促进中心应成立职业教育与培训机构授权专家组，其组建及活动应参照教育机构授权条例。职业教育与培训机构授权委员会（简称"授权委员会"）应根据授权文件及职业教育与培训机构授权专家组的意见做出授权决定。格鲁吉亚总理应根据格鲁吉亚教育与科学部的提名，任免授权委员会成员。教育机构授权条例应明确授权委员会的权力，并保证其职能独立于教育机构和国家机构。

二、认证目的是提高教育质量建立自我评估体系，确保质量保证机制的发展。

三、格鲁吉亚语和通识专业只有通过认证的教育机构才能实施。

四、政府经费只拨给获得认证的职业教育与培训机构和专业。

第二十条[2]　职业资格框架和职业标准

一、职业资格框架是国家资格框架的一部分,由格鲁吉亚教育与科学部、职业协会和有关组织合作起草和批准。

二、基于职业标准和职业教育与培训框架文件,制定职业教育与培训专业。该专业由国家教育质量促进中心基于职业资格框架,与职业协会和其他有关组织合作起草和批准。

第二十一条　已删除

第二十二条　已删除

第二十三条　已删除

第四章

已删除

第二十四条　已删除

第二十五条　已删除

第五章

已删除

第二十六条　已删除

第二十七条　已删除

第二十八条　已删除

第二十九条　已删除

第六章

职业教育与培训机构的组织和法律形式

第三十条　职业教育与培训机构的组织和法律形式

一、职业教育与培训机构可以是公法下的法律实体,也可以是私法下的商业性或非商业性法律实体。

二、职业教育与培训机构按照格鲁吉亚法律的规定在其自治范围内开展活动。

三、本法第三十二条、第三十四条、第三十六条、第三十七条规定的内容,不适用于私法下的职业教育与培训机构。

第三十条[1]　职业学院

职业学院是职业教育与培训学院,只执行前三个级别的职业教育与培训课程。

第三十条[2]　社区学院

一、社区学院执行所有级别的职业教育与培训课程,以及中等普通预科教育或通识教育。

二、完成中等教育中级阶段,但未能获得中等教育证书的人有权参加中等普通预科教育。

三、拥有中等普通教育证书的四级或五级职业教育的学生有权修读通识教育。

四、格鲁吉亚语专业的目的是通过给非格鲁吉亚语职业学生教授格鲁吉亚语和职业教育与培训课程,以帮助他们掌握职业教育相关内容。

第七章

职业教育与培训机构的管理原则、重组及清算

第三十一条 职业教育与培训机构的管理原则

一、职业教育与培训机构应当保证：

（一）遵守公开和透明原则，确保相关人员参与其中；

（二）职业学生不论性别、民族和社会背景、出身、宗教和政治观点、身体素质等，一律平等对待；

（三）职业学生和教师参与决策过程；

（四）在决策过程中考虑职业学生潜在雇主的需求；

（五）根据学校自治原则实施教育过程；

（六）在学习过程中以及在职业教育与培训机构内创设安全的环境。为此，应授权职业教育与培训机构同教育机构资源官办公室签订服务协议。

二、职业教育与培训机构及其所属单位的规章制度，不得对本准则做出任何限制。

第三十二条　职业教育与培训机构的管理机构

职业教育与培训机构的管理机构由监事会和机构负责人组成，其活动受职业教育与培训机构规章的约束。

第三十三条　职业教育与培训机构监事会

一、职业教育与培训机构的最高管理机构为监事会，监事会可以由用人单位、地方自治机关、社会团体的代表以及职业学生的家长、职业教师组成。监事会人数、规则、职权的产生和终止由职业教育与培训机构条例规定。

二、监事会应：

（一）根据机构负责人的建议，批准预算，通过并发布年度报告；

（二）根据机构负责人的建议，与国家管理机构协商一致，批准内部规章制度和员工组成；

（三）由职业教育机构负责人控制职业教育机构的经费支出和财产管理；

（四）批准职业教育机构负责人提交的职业教育与培训机构规章草案；

（五）行使格鲁吉亚法律所规定的其他权力。

第三十四条　职业教育与培训机构负责人

一、职业教育与培训机构负责人须：

（一）管理职业教育与培训机构，并在与第三方的关系中代表该机构；

（二）将职业教育与培训机构内部规章制度和预算提交监事会审批；

(三) 起草并提交职业教育与培训机构职员名册，报监事会批准；

(四) 确保和职业教育与培训机构教师及其他人员签订并执行劳动协议，并有权根据法律终止与他们的劳动关系；

(五) 在职业教育与培训机构条例所规定的范围内，根据法律向监事会提交教育、财务及其他活动的年度报告；

(六) 有权进行交易，包括和职业教育与培训机构财产有关的交易，但法律规定须经国家管理机构同意的交易除外；

(七) 领导和监督职业教育与培训机构的教育过程和教学实践；

(八) 行使格鲁吉亚法律和职业教育与培训机构条例所规定的其他权力。

二、职业教育与培训机构负责人通过发布个人行政命令，行使格鲁吉亚法律和职业教育与培训机构条例所规定的权力。

三、职业教育与培训机构负责人的年龄应当在65岁以下。

第三十四条[1]　职业教育与培训机构的重组和清算

职业教育与培训机构的创办人应依法律规定进行重组和清算。

第八章

职业教育与培训经费的筹措、职业教育与培训机构的财务

第三十五条　职业教育与培训经费的筹措

一、根据法律规定，职业教育与培训应由国家政府机构、阿布哈兹自治共和国和阿扎尔自治共和国的各机构以及地方自治机构提供经费。

二、本条第一款规定的机构应按照政府制定的程序资助职业教育与培训。

三、已删除。

四、职业教育可以由自然人资助。

五、已删除。

六、已删除。

（一）已删除。

七、职业教育与培训机构有权吸纳格鲁吉亚法律允许的其他财政资源，并有权从对不影响人类健康且不影响学习质量的经济活动中获得收入。所吸纳的资源只能用于实现格鲁吉亚法律规定的机构目标和功能。

八、职业教育与培训机构的收支应当反映在预算中；该机构应在国

家财政银行中开设银行账户和公章。此外，在法律规定的情况下，该机构也可在商业银行开设账户。

第三十六条　职业教育与培训机构的财务报告及审计

一、职业教育与培训机构负责人应当按照监事会批准的预算管理资金。

二、如有紧急需要，职业教育与培训机构负责人有权在未经监事会同意的情况下，将不超过10%的财政资源从一个预算项目转至另一预算项目。此更改不应导致职业教育与培训教师薪酬的减少。如职业教育与培训机构预算未获批准，负责人有权按照上一年度预算的1/12支付月工资。

三、成本超过职业教育与培训机构预算5%的交易，应经监事会同意。

四、职业教育与培训机构应执行法律规定的财务报告以及与财务和经济活动有关的审计文件。

第三十七条　职业教育与培训机构的财产

一、职业教育与培训机构使用的建筑物和各自使用的土地，属于国家财产，应按照法律规定程序移交给职业教育与培训机构。

二、经格鲁吉亚教育与科学部同意，职业教育与培训机构应按照法律规定的程序管理国家转让给职业教育与培训机构的财产。

第九章

已删除

第三十八条　国家对职业培训中心的管理

一、职业培训中心由格鲁吉亚教育与科学部负责管理。

二、国家管理指按照格鲁吉亚法律规定的程序，对职业培训中心开展活动的合法性、适当性和有效性进行监管，并对其财政和经济活动进行监督。

第三十九条　职业培训中心的重组和清算

职业培训中心应由其创始人根据格鲁吉亚法律的规定进行重组或清算。

第十章

过渡规定

第四十条　本法生效的条件

一、初级职业教育与培训文凭与专家证相等，中级职业教育与培训文凭与高等职业教育文凭（专家文凭）相等，但本条第七款规定的情形除外。按照格鲁吉亚教育法、格鲁吉亚初级职业教育法和格鲁吉亚普通教育法的规定颁发上述学历。

（一）专家证与职业教育三级文凭相等，高等职业教育文凭与职业教育与培训资格五级文凭相等。职业标准中不存在的层级，比照其他能力的相应层级。

（二）从2011年起，工艺专业停招。高等职业教育在2010~2011学年结束后停招。

二、本法施行前设立的公法下公共的和有执照的法律实体——初级职业教育与培训机构，应被视为职业培训中心并持有本法设立的工艺教育活动许可证。格鲁吉亚教育与科学部应确保在2007~2008学年开始前根据公法对初级职业教育与培训机构的法律实体进行重组或清算。在重组前，公法法律实体，如初级职业教育机构应根据格鲁吉亚法律批准的规章继续其活动。

（一）在2013~2014学年开始前，职业培训中心应被视为获授权的职业学院。在此之前，职业院校有权决定招生人数。职业教育活动期限届满，经批准后方可开展。

（二）在2013年获得授权的职业教育机构，在2014年9月1日之前应被视为已获得授权。在规定的期限内，经国家教育质量促进中心同意，由上述职业教育机构决定招生人数。

三、在本法生效前进入初级职业教育机构的人员在完成有关课程后，可获工艺专业证书。

（一）在2010年9月1日之前已进入工艺专业学习的人员，在2011年之前将要进入工艺专业学习的人员，在完成学业后可获工艺专业证书。

（二）在2010年9月1日之前已进入高等职业教育学习的人员，在2011年之前将要进入高等职业教育学习的人员，在完成学业后可获高等职业教育证书。

四、中等职业教育与培训院校有权在不迟于2009~2010学年开始前向格鲁吉亚教育与科学部申请工艺教育或高等职业教育资格认证许可证。

五、中等职业教育与培训机构有权为本法生效前已参加中等职业教育课程的学生提供教学，包括国家资助课程：

（一）在2008~2009学年开始前，实施的中等职业教育与培训课程为期两年；

（二）在2009~2010学年开始前，实施的中等职业教育与培训课程为期三年。

六、除本条第七款规定的情形之外，凡在本法施行之前，已在中等职业教育与培训机构入学，且按照本条第五款在2008~2009学年或2009~2010学年之前完成中等职业教育课程的人员，可获中等职业教育与培训认证证书，此证书与高等职业教育与培训证书等同。在高等教育课程学习期间，高等教育机构可根据格鲁吉亚教育与科学部制定的程序将已完成的中等职业教育与培训课程所获学分视作高等教育学分。

七、凡于 2006~2007 学年就读于职业教育与培训学院，并于 2008~2009 学年开始前完成中等职业教育课程的学生，均可获中等职业教育与培训文凭。凡在格鲁吉亚教育与科学部批准的专业中，完成中等职业教育与培训课程的人员可获中等职业教育与培训认证证书，此证书等同于：

（一）基于中等教育基础水平的工艺教育证书；

（二）基于中等教育的高等职业教育与培训文凭。

八、根据格鲁吉亚政府的决定，中等职业教育与培训机构可以与高等教育机构合并。在这种情况下，高等教育机构应按照本条第五款至第七款的规定颁发中等职业教育与培训文凭。

九、已删除。

十、已删除。

十一、已删除。

十二、已删除。

十三、格鲁吉亚教育与科学部有权根据本法规定的程序，在职业标准获批之前，批准相应的临时职业教育与培训方案。

十四、已删除。

十五、在职业教育与培训资助办法获批前，职业教育与培训机构的经费划拨依照原方案执行。

十六、在职业标准工作组成立前，相关人员有权向国家教育质量促进中心起草并提出有关职业标准的建议。

十七、已删除。

十八、机构清算工作应不迟于 2009 年 1 月 1 日完成。

十九、格鲁吉亚政府应确保在 2011~2012 学年开始前通过本法第三十六条规定的程序。

二十、格尔丹尼（Gldani）职业培训中心社区学院根据公法实施的职业教育与培训课程，应被视为获授权的职业教育机构实施的课程。2012 年入学的学生符合格鲁吉亚法律规定；他们有权在格尔丹尼职业培训中心社区学院或其他职业教育与培训机构继续学习相同的职业教育与培训课程，且授予他们的资格应等于国家承认的资格。

二十一、格鲁吉亚教育与科学部应确保采取必要措施，以保障本条第二十款所规定人员的学习和学历授予。

二十二、在 2019 年 1 月 1 日之前，将制定职业标准，规定适当的职业教育水平、相应的最低学分要求，以及达到每个水平所必须具备的知识、技能和价值观。特殊职业的要求也将一并制定。

二十三、为确保职业教育的连续性，可根据格鲁吉亚教育与科学部所制定的程序，使符合本条第二十二款规定的职业标准的其他职业教育与培训课程中获得的学习成果得到认可。

第十一章

附则

第四十一条　本法生效与现行法律废止

一、除本法第十五条第三款、第十七条第二款、第十八条第三款，本法自公布之日起十五日后生效。

二、本法第十五条第三款、第十七条第二款、第十八条第三款自2010~2011学年开始生效。

三、《格鲁吉亚初等教育法》的相关条款自本法施行之日起失效。

格鲁吉亚总统

米哈伊尔·萨卡什维利

第比利斯

2007年3月28日

No. 4528-ES

第四编　格鲁吉亚特殊职业教育与培训法

第一章

总则

第一条　本法目的

本法旨在规范特殊职业教育过程，确立特殊职业教育获得规则和特殊职业教育机构的地位。

第二条　特殊职业教育的法律依据

特殊职业教育的法律依据为：格鲁吉亚宪法、格鲁吉亚国际条约和协定、格鲁吉亚职业教育法、本法和格鲁吉亚其他规范性法令。

第三条　术语定义

本法使用的术语应当具有下列含义：

一、特殊职业教育：为格鲁吉亚内务部、国家安全局或应急部队人员提供的职业发展的教育培训。

二、已删除。

三、培训员：培训受训者以发展其理论知识和实践技能的人。

四、受训者：根据特殊职业教育与培训方案学习的人。

五、特殊职业培训：在格鲁吉亚内务部、国家安全局或应急部队中，为获得职业基本技能和知识而开展的学习。

六、再培训：在特殊职业领域，为获得新知识和技能而进行的培训。

七、业务提升：在格鲁吉亚内务部、国家安全局或应急部队中，受过特殊职业教育的人员接受的旨在获得更多新知识和新技能的学习过程。

第四条　特殊职业教育与培训的目标

格鲁吉亚特殊职业教育与培训的目标应是：

一、向格鲁吉亚内务部、国家安全局和应急部队提供合格的工作人员；

二、确保对格鲁吉亚内务部、国家安全局和应急部队工作人员进行再培训和业务提升；

三、健全特殊职业教育与培训领域的学习制度。

第二章

特殊职业教育获得程序与培训课程

第五条　获得特殊职业教育的权利

在格鲁吉亚内务部、国家安全局或应急部队服役的人都有权接受特殊职业教育。

第六条　已删除

第七条　特殊职业教育与培训课程

一、特殊职业教育与培训课程是为格鲁吉亚内务部、国家安全局和应急部队的工作人员提供机会学习履职所必需的基本知识。

二、特殊职业教育机构应当制定专门的职业教育与培训课程。

三、格鲁吉亚内务部应确定接受特殊职业教育与培训课程的程序。

第八条　受训者评价

一、特殊职业教育机构必须按照公平原则和既定标准对受训者进行评价。

二、受训者评价制度和标准应由格鲁吉亚法律规定的特殊职业教育机构确定。

第三章

特殊职业教育机构的法律地位与组织形式

第九条　特殊职业教育机构的法律地位和组织形式

一、格鲁吉亚内务部职业学院是公法下的法律实体，是格鲁吉亚内务部的特殊职业教育机构。

二、学院应：

（一）根据特殊职业教育与培训课程开展培训；

（二）根据再培训和业务提升课程开展培训，以提供特殊职业教育，提升职业发展技能；

（三）根据协议，组织和实施适当的特殊职业培训和再培训课程。

第十条　特殊职业教育机构的管理

特殊职业教育机构应当按照章程（条例）的规定进行管理。

第十一条　培训员

为了发展理论知识和实用技能，受训者应接受培训员的培训，培训员必须受过高等教育或具有至少三年相关领域的工作经验。

第十二条　特殊职业教育机构的社会和法律义务

一、在培训过程中，特殊职业教育机构有义务在该机构内提供安全的环境以保障培训人员的健康和生命安全。

二、特殊职业教育机构的其他社会和法律义务应由格鲁吉亚内务部部长根据需要确定。

第十三条　本法生效

本法在颁布后生效。

格鲁吉亚总统

米哈伊尔·萨卡什维利

第比利斯

2011年12月6日

No. 5366-IIS

图书在版编目(CIP)数据

格鲁吉亚教育法律汇编/车如山,徐起,郭方义编译.--北京:社会科学文献出版社,2021.9
（兰州大学"一带一路"丛书）
ISBN 978-7-5201-8881-4

Ⅰ.①格… Ⅱ.①车…②徐…③郭… Ⅲ.①教育法-汇编-格鲁吉亚 Ⅳ.①D936.721.6

中国版本图书馆CIP数据核字（2021）第166994号

兰州大学"一带一路"丛书
格鲁吉亚教育法律汇编

编　译／车如山　徐　起　郭方义

出 版 人／王利民
责任编辑／郭白歌
责任印制／王京美

出　　版／社会科学文献出版社·国别区域分社（010）59367078
　　　　　　地址：北京市北三环中路甲29号院华龙大厦　邮编：100029
　　　　　　网址：www.ssap.com.cn
发　　行／市场营销中心（010）59367081　59367083
印　　装／唐山玺诚印务有限公司
规　　格／开 本：787mm×1092mm　1/16
　　　　　　印 张：11.75　字 数：150千字
版　　次／2021年9月第1版　2021年9月第1次印刷
书　　号／ISBN 978-7-5201-8881-4
定　　价／128.00元

本书如有印装质量问题，请与读者服务中心（010-59367028）联系

版权所有 翻印必究